深い学びで思考力をのばす

算数授業 18選 4〜6年

指導案・ワークシート付き　　滝井 章 著

日本標準

はじめに

「算数できなくても困らない。かけ算なんてできなくても困ったことないもん」

「三角形の面積の求め方，わからないと困るやろ」

「いつ，どこで困るんですか。使うことなんか，ないじゃないですか」

「そういえばそうやなあ……」

あるバラエティー番組での某有名お笑いMCと若手ひな壇芸人とのやりとりである。

ある意味もっともな話である。スーパーでもコンビニでも会計はバーコード。求積公式など覚えていなくてもスマホがあれば何でも解決できる。もちろん計算もスマホでOK。次期学習指導要領では，算数での学びを日常生活に関連づけることや，日常生活で生かすことをキーワードとして挙げているが，現実生活で算数の知識，技能の必要性を感じる場面はきわめて少ない。

それでは，何のために算数の勉強をし，算数授業を通してどのような力を育てるのだろうか。算数で育てる「見方，考え方」とはいったい何なのだろうか。ここを先生方お一人お一人がしっかりもっていないと，「アクティブラーニングっていったい何？」「主体的な学びって何？」「対話的な学びって何？」「深い学びって何？」など，言葉に振り回されることになる。ナンセンスのきわみである。

「主体的な学び」「対話的な学び」「深い学び」にあたる指導は，公立小学校現場に立つ先生方のなかでは何十年も前から地道に取り組まれてきた。いかに子どもたちの生き生きと学ぶ姿を引き出すか，話し合い考え合いをうまく展開し「わかった」という声を引き出すか，「なるほど」「だからなんだ」「ひょっとしたら……かも」という声を引き出すか，そして算数授業を通して社会に出てから子どもたちの支えとなるどのような力をつけるか。公立小学校の先生方は地道にずっと追究してきている。筆者もその1人である。

本書で扱うオープンエンドの問題を扱った算数授業は，その追究の中できわめて有効性を実感できた実践であった。オープンエンドの問題を扱った算数授業では，学力の差に関係なくどの子も目を輝かせ，生き生きと主体的に学習に取り組み，自然と話し合い考え合いが生まれ，「わかった」「だからなんだ」「ひょっとしたら」という声が生まれる。まさしく「主体的な学び」「対話的な学び」「深い学び」といえよう。

また，オープンエンドの問題を扱う算数授業は，人間形成，学級経営にも有効である。

本書では，第1章でオープンエンドの問題を扱う授業の目的や有効性，第2章で各学年に対応した実践例を紹介し，それぞれにおいてオープンエンドの問題の解説，授業の展開の仕方，授業のなかで「主体的な学び」「対話的な学び」「深い学び」を引き出すポイント，授業で使えるワークシート，さらに研究授業などで使える学習指導案も掲載している。本書が，子ども主体の授業，そして子どもの将来を見据えた授業を展開しようとする全国の公立小学校の先生方のお役に少しでも立てれば嬉しい限りである。

なお，本書の発刊においては，日本標準企画編集部の皆様に多大なご協力をいただいたことを感謝する。

2018年8月

都留文科大学教養学部学校教育学科特任教授　　滝井　章

目　　次

はじめに ……………………………………………………………………………… 3

第1章　主体的な学び・対話的な学び・深い学びを実現するには？

1. 「主体的な学び」「対話的な学び」「深い学び」とオープンエンドの問題 … 8
2. 「オープンエンドの問題」とは ………………………………………………… 9
3. オープンエンドの問題を通して育てる「見方，考え方」………………… 10
4. オープンエンドの授業と，PISA でも取り組まれはじめた
　「協同問題解決能力」………………………………………………………… 11
5. オープンエンドの授業で，いじめなどのない学級づくりを …………… 11
6. オープンエンドの問題を扱った授業を展開するコツ …………………… 13
7. 授業参観には，オープンエンドの問題を扱った授業を ………………… 16
8. 校内研究でもオープンエンドの問題を扱った授業を …………………… 17

第2章　主体的な学び・対話的な学び・深い学びの授業ができる実践例

4年

1. 答えが 36 になる式 ……………………………………………………………… 20
2. 面積が 36 cm^2 の四角形をつくろう ……………………………………… 26
3. 三角定規を使って 150° の角をつくろう …………………………………… 32
4. わり算のひっ算をつくろう ………………………………………………… 38
5. 立方体の展開図は何通り？ ………………………………………………… 44
6. わり算をわり進めると？ …………………………………………………… 50

5 年

1. 面積が $18\,\text{cm}^2$ の三角形をつくろう ……………………………… 56
2. 面積を 2 等分する直線をひこう ……………………………………… 62
3. 小数のかけ算のひっ算をつくろう …………………………………… 68
4. 合同な三角形を作図するには？ ……………………………………… 74
5. $\dfrac{1}{3}-\dfrac{1}{\square}=\dfrac{\bigcirc}{\triangle}$ にあてはまる数は？ ……………………………… 80
6. プログラミングで正多角形をつくろう ……………………………… 86

6 年

1. 合同な 2 つの図形に分けるには？ …………………………………… 92
2. $\dfrac{1}{\square}\div\dfrac{1}{\bigcirc}\div\dfrac{1}{\diamond}=6$ にあてはまる数は？ ……………………… 98
3. 男子と女子の人数は？ ………………………………………………… 104
4. 各国の主張をさぐれ！ ………………………………………………… 110
5. $\bigcirc\times\triangle=\bigcirc-\triangle$ にあてはまる数は？ ………………………… 116
6. 天びんをつりあわせるには？ ………………………………………… 122

カバーイラスト　株式会社 コッフェル
本文イラスト　　中浜 かおり

第1章

主体的な学び・対話的な学び・深い学びを
実現するには？

1. 「主体的な学び」「対話的な学び」「深い学び」とオープンエンドの問題

　新学習指導要領総則では，「主体的な学び」「対話的な学び」そして「深い学び」が重要視されています。しかしこれらの学びが重要なことは以前からも言われていることです。肝心なことは，どうすれば「主体的な学び」「対話的な学び」そして「深い学び」が実現できるかです。教科書を開きながら一問一問教師が発問し解決させていく授業，問題の解き方を教えることを目的とした授業では「主体的な学び」「対話的な学び」そして「深い学び」の実現は難しいといえます。そこで注目されるのが，解が多様に存在するオープンエンドの問題を扱った授業です。解が多様に存在するオープンエンドの問題を扱った授業では，「主体的な学び」「対話的な学び」そして「深い学び」が実現でき，社会で求められる力，人間形成，そして学級づくりまでもが大いに期待できます。

　まず「主体的な学び」です。オープンエンドの問題には考え方だけではなく答え自体も多様に存在するため，子どもは「ほかにもあるかもしれない。もっと見つけたい。もっと見つけよう」という思いをもちます。これらの思いが自然発生するため，**主体的な学び**が実現できます。

　次に「対話的な学び」です。いろいろな答えを見つけた子どもは，それを友だちに説明したいという思いをもちます。また，自分では考えつかなかったほかの答えも知りたいという思いをもちます。そしてもっとほかにも答えがあるかもしれないと考え合おうとする思いをもちます。これらの思いが自然発生するため，**対話的な学び**が実現できます。

　最後に「深い学び」です。いろいろな答えが発表されたあと，子どもはそれらの答えから共通していえることなどを考えようとする思いや，もっとほかの答えを見つけようとする思いや，場面や数値が変わったらどうなるかを調べてみたいという思いをもちます。これらの思いが自然発生するため，**深い学び**が実現できます。

　このように，オープンエンドの問題を扱った授業は，まさしく「アクティブ・ラーニング」を構成する「主体的な学び」「対話的な学び」そして「深い学び」が自然発生する授業といえます。

2.「オープンエンドの問題」とは

　「オープンエンドの問題」とは，答えが１つに限定されずに複数想定できる問題のことをいいます。そして，オープンエンドの問題をもとに，そこから生まれたさまざまな考え方を生かして展開する授業を「オープンエンドの問題を扱った授業」といいます。たとえば，次のような問題で考えてみましょう。５年生の「整数と小数」における「小数のしくみ」の授業で扱うオープンエンドの問題です。

　42.195 は，10 を□，１を□，0.1 を□，0.01 を□，0.001 を□，集めた数です。
　□に入る数を考えましょう。

　一般的には答えは次のようになります。
「42.195 は，10 を４，１を２，0.1 を１，0.01 を９，0.001 を５，集めた数です」
　しかし，視野を広げると，これ以外にも実に多くの答えが存在することに気づきます。
「42.195 は，10 を３，１を 12，0.1 を１，0.01 を９，0.001 を５，集めた数です」
「42.195 は，10 を３，１を 10，0.1 を 21，0.01 を９，0.001 を５，集めた数です」
「42.195 は，10 を０，１を 42，0.1 を０，0.01 を０，0.001 を 195，集めた数です」
「42.195 は，10 を０，１を０，0.1 を０，0.01 を０，0.001 を 42195，集めた数です」
　このように何通りもの答えが存在します。それだけに，子どもたちはいくつも存在する答えを１つでも多く見つけようと一生懸命になるでしょうし，自分の力だけでは考えつかなかった答えとの出会いを求めて友だちの発表に一生懸命に耳を傾けることでしょう。そこに自然な形でかつ本来の姿としての“学び”が発生します。自然な本来の“学び”を通して見つけたものの見方，考え方などは，生涯にわたって子どもたち一人ひとりを支える源となります。

3. オープンエンドの問題を通して育てる「見方，考え方」

　新学習指導要領では，「見方，考え方」を育てるという視点が重視されています。学習内容ごとの知識・技能面の目標は学習指導要領・算数編に明記されています。問題は，『今』ではなく子どもたちの『将来』のために算数授業を通して育てる「見方，考え方」です。

　ここで，オープンエンドの問題を扱った授業を通して育成できる，社会に出てからも子どもたち一人ひとりの支えとなる「見方，考え方」について，主なものを挙げてみましょう。

見方，考え方の内容例	社会に出たときや日常生活などでいかに生きるか
柔軟に多様に考える力	物事を一面だけでとらえず多面的にとらえることで，シミュレーションができる。 相手の立場に立って考えることができる。
自分の考えをもち，表現する力	人の意見，社会の風潮に流されず，しっかりと先を，足元を見据えたうえで行動ができる。 自分の考えが相手にわかるように伝えるために，筋道立てて説明するプレゼン力となる。
自分と異なる考えを理解し，認める力	自分の立場や主張に固執せず，相手の主張，立場を理解し，認め，尊重するなかで良好な関係を構築し，プロジェクトを進める力となる。
考え合い，自分を高めようとする力	1人で狭い視野のなかで考えて終結させるのではなく，チームで考え合い，そのなかで自分自身の力量も高めていこうとする力となる。国際社会で求められている「協同問題解決能力」となる。
発展的に考える力	目の前の問題だけしか見ないのではなく，将来を自ら見据え，いかにより高度なレベルまで高めていくかという発展的に考える力となる。
さまざまな解を関係づけて考える力	一つひとつの事象を点として別個にとらえるのではなく，原因や因果関係を考えることにより，点と点を線で結んで考え，将来の予測にも生かせる力となる。
きまりなどを見いだす力	いくつかのデータから関係性，法則のようなものを見いだし，その根拠を明確にしたうえで，それを有効に活用する力となる。

4．オープンエンドの授業と，PISA でも取り組まれはじめた 「協同問題解決能力」

　OECD 生徒の学習到達度調査（PISA）において「協同問題解決能力」がはじめて調査対象となりました。遅かったくらいです。社会では 1 人だけで考えることはまずありません。チームで知恵を出し合い喧々諤々しながら，そして試行錯誤を繰り返しながらつくり上げていく力が求められます。思考力，表現力，コミュニケーション力は，その原動力の 1 つです。よく言われる「算数の授業とは，個人解決に時間をかけ，その発表を数人が行い，どれが "はやい"，"かくじつ"，"せいかく"，"どんなときでも" の「はかせどん」かを追究するもの」という授業ではなく，すべての子どもが主役で，チームで話し合い考え合い問題を解決していく授業を通して「協同問題解決能力」を育てていくことが，国際社会でも求められています。この「協同問題解決能力」を育てるのに，答えが多様に想定できるオープンエンドの問題を扱った授業は有効です。お互いに考えついたいろいろな答えを発表し合うなかで，どんな答えがあるか，ほかには答えはないだろうか，それを見つけるにはどう考えればよいかなどの話し合い，考え合いが自然発生します。この自然発生が実となり「協同問題解決能力」となり，すべての子ども一人ひとりの将来において子どもたちを支えることになります。目の前の点数化できる学力だけではなく，将来に役立つ学力，国際的にも求められる学力をつけることを目指しているのが，オープンエンドの問題を扱った授業なのです。

5．オープンエンドの授業で，いじめなどのない学級づくりを

　オープンエンドの授業は，算数の授業という枠を超えた次元で，そのよさが現れます。

(1) "やる気" 満々の子どもたちが育ち，活気あるクラスがつくれます！

　高学年ともなると，どのクラスにも，算数が得意な子ども，先行知識をもっている子どももいれば，苦手な子どももいます。それが公立小学校です。そのすべての子どもが満足する授業が，簡単ではありませんが，求められます。

　オープンエンドの授業では，より多くの子どもを満足させることができます。

　オープンエンドの問題は，いろいろな答えがあるだけでなく，さまざまな切り口があります。したがって，1 つの答えにたどりついてもそれで満足せず，「もっとほかにも答えを見つけられるかもしれない」「ほかの友だちが見つけないような答えを見つけるぞ」と

自らにはたらきかけ，問題解決を楽しむことができます。このようにして，“退屈”という
ストレスが溜まりがちな先行知識を有する子どもに，“意欲的な態度”を培うことができま
す。

　また，本書で扱うオープンエンドの問題は，既習の学習内容の活用や操作活動を通して
誰でも１つは答えが見つけられるようにつくられています。したがって，「どうせ考えたっ
てわからない」という消極的な態度が身についている算数が苦手な子どもも，「ぼくにも答
えが見つけられた」と自信がもてます。この自信の積み重ねが，“意欲的な態度”を培って
いきます。

（2）“差別意識”のない，いじめのないクラスがつくれます！

　高学年ともなると，クラスの中に「勉強が得意な子＝優秀な子」「勉強が苦手な子＝優秀
でない子」という構図ができあがっている可能性（危険性）があります。この構図ができ
あがっているとしたら，早急に手をうたなければなりません。なぜなら，勉強が得意・苦
手による優劣関係から生まれた差別意識がある学級では，その差別意識が学級崩壊，そし
ていじめを引き起こす要因となることが非常に多いからです。

　勉強が得意な子は，苦手な子に対して優越感をもち，その優越感がいじめを生みます。

　勉強が苦手な子は，得意な子に対して劣等感をもち，その欲求不満を解消するため，自
分より弱いもの（小動物も含む）に当たったり，先生に反抗したり，教室から飛び出した
りします。

　さまざまな答えが平等に評価されるオープンエンドの問題を扱った授業では，この芽を
未然に摘み取ることができます。自分が考えつかなかった考えに敬意をもつようになるだ
けでなく，１つの問題に対して力を合わせて解決に取り組むことで学級意識がもてます。
仲間に対して差別意識は生まれません。

　オープンエンドの問題を扱った授業で，差別意識を一掃し，学級崩壊の芽を未然に摘み
取り，いじめのない学級づくりが全国の小学校に広まることを期待しています。

（3）『他人事』ではなく『自分事』ととらえる豊かな心が満ちあふれたクラスがつくれます！

　オープンエンドの問題には多様な答えが存在します。それだけに，自分が考えた以外の
答えと出会います。その出会いのもたせ方がポイントとなります。単に，考えた子どもに
発表させ，ほかの子は発表を聞くだけで「なるほど。わかりました」という出会いでは，
自分では考えつかなかった答えを「聞いて知る」ことはできますが，「どう考えたのかを考
える」というレベルまで求めることは難しいです。しかし，出会いのもたせ方を工夫すると，
自分では考えつかなかった考え方との出会いを，「どう考えたのかを考える」という人の考

えや思いなどを『他人事』ではなく『自分事』としてとらえる豊かな心の育成まで高める
ことができます。

　たとえば，本書に掲載している5年生の「図形の面積」における「面積を2等分する直
線をひこう」で，半分にあたる面積を求めて，その面積を2等分する直線を一本一本手当
たり次第に見つけていた子どもがいたとします。その授業において，個人解決のあとの全
体発表で，発表する子に考え方，答えのすべてを書いたホワイトボードや画用紙などをも
とに発表させると，聞いている子はただ聞いているだけで「なるほど。わかりました」と
なってしまいます。そうではなく，発表する子どもに，面積を2等分する直線を1本だけ
ひいたあと，その直線の中心点に印を付けるところまででストップをかけることで，なぜ
中心点に印を付けたのか，どう考えたのか，どんな答えを見つけたのかを考えさせるのです。

　このように，答えが多様にあるオープンエンドの問題を扱った授業では，全体発表のも
ち方を工夫するだけで，単にほかの子が見つけた答え，考え方を知るだけで終えるのでは
なく，「どう考えたのかを考える」という人の考えや思いなどを『他人事』ではなく『自分事』
としてとらえる豊かな心を育てることができます。

6．オープンエンドの問題を扱った授業を展開するコツ

　さまざまな答えをもつオープンエンドの問題を設定しても，子どもたちがすぐにいろい
ろな答えを見つけようとするとは限りません。また，いろいろな答えを考え出すだけでは，
子どもたちに学びの満足感を提供できるとはいえません。

　そこで，オープンエンドの問題を扱った授業を成功させるためのポイントを，5つの視
点から解説しましょう。

（1）オープン性を感じ取らせる問題提示のコツ

　「この問題の答えは，どうやら1つではなさそうだぞ！」

　オープンエンドの問題を扱った授業では，この思いをもたせることが重要となります。
そのために，高学年ではあえて，問題設定の直後にすぐに思いつく答えを発表させます。
ここで，『間』をとることが重要です。この『間』のあいだに，高学年ともなると，「何か
まだあるのかも」と考え出し，そこから本当の学習がスタートします。子どもたちは目を
輝かせていろいろな答え探しの旅を楽しむことになります。

（2）いろいろな答えを自ら見つけようという思いをもたせるコツ

　問題把握の段階で，さまざまな答えが存在しそうだ，というイメージをもたせることができても，問題の切り口までさまざまに存在しそうだというイメージはなかなかもてないものです。

　そこで，個人解決の段階での教師の役割が重要になります。高学年でも，オープンエンドの問題の解決に慣れていないクラスでしたら，「答えはいろいろあるよ」と言うことも有効な手立てです。しかし，オープンエンドの問題に慣れているクラスでしたら，このような発言だけでは「自ら進んで」という主体性の誘発に結びつかなくなってしまいます。子どもが本来もつ知的好奇心をくすぐるような先生のつぶやきが有効となります。

　「さっきはAさんの答えに驚かされたけれども，Bさんの答えはAさんとはまた違っているね。またまた驚かされたよ」

　「Cさんは，Dさんとまた違った見方をしているんだね」

　こんなことをつぶやきながら机間指導をしましょう。きっと，子どもたちは，それまでよりさらに広い視野から問題をとらえようとするはずです。

（3）発表のさせ方のコツ

　オープンエンドの問題では，たどりついた答えがどれも平等に価値づけられます。そこで，まず1人でも多くの子どもに発表の機会を与え，自信をつける，そして意欲をもつきっかけとしてあげましょう。

　しかし，高学年になったら，単に答えを発表させるだけでは，子どもたちの知的好奇心は満足しません。そこで，発表されたいくつもの答えを論理的にとらえ，一般式を導き出したり，きまりを発見させたりしましょう。

　知的好奇心がくすぐられ，それが満足できたときの喜びを味わった子どもは，次の機会でも，そこから何か規則性を見つけだそう，その規則性を利用してさらに答えを見つけだそうと考えるに違いありません。ここで体感した“学びの楽しさ”は，一生の財産となることでしょう。

（4）オープンエンドの問題を扱った授業での“発表・話し合い”の仕方のコツ

　「算数の授業では，効率よく考える力，そして“よさ”を追求することがねらいである」と考える先生が多くいます。そのような先生の授業では，さまざまな考え方が想定できる授業を展開したとき，それらを発表させたあとにこんな質問をしがちになります。

　「どの考え方がもっともよいでしょう」

　しかし，発表を聞いたばかりの子どもの側に立って考えてみてください。いかに高学年

とはいえども，自分で考えていなかったいくつもの考えの発表を聞いただけで，どの考え方がベストかなどを判断するのはきわめて高度です。そのうえ，順位をつけられる子どもの立場に立てば，せっかく考えたのに順位が下と評価するなどできるわけがありません。現場に立つ教員にとっては，子どもが第一です。発表した子ども，聞いている子どもの心が傷ついたり理解できずに悩んだりする事態は避けなければなりません。子どもの立場，心を大切にする教師なら，まずは結果を焦らないことです。

　オープンエンドの問題を扱った授業では，さまざまな解が認められます。そのうえ，認められた解に優劣をつけず，どの考え方も平等によさを認めることができます。ここが，オープンエンドの問題を扱った授業のよいところです。どの解がベストかではなく，どのような考え方から生まれたかを考え合うことが重要なのです。だから，オープンエンドの問題を扱った授業では，心も育ち，よりよい学級ができあがっていくのです。

（5）オープンエンドの問題を扱った授業での"まとめ"の仕方のコツ

　いろいろな解が存在するオープンエンドの問題。確かにさまざまな答えを考えるのは楽しそうですし，授業も楽しくなります。

　しかし，オープンエンドの問題を扱う授業に取り組もうとする先生からは，次のような声がよく寄せられます。

　「オープンエンドの問題ですから，いろいろな答えが発表されます。しかし，発表されたさまざまな答えをどう扱えばよいのでしょう」

　どうやら，まとめの仕方に不安を感じる先生が多いようです。確かに，いろいろな答えを発表させたあと，それらをどのようにまとめるかは大きな問題です。不安を感じるのも当然かもしれません。

　まとめの仕方には，大きく分けて2つの方法があります。

　1つは，まとめをしないで，いろいろな考え方，答えを発表して終わりとする方法です。オープンエンドの問題を扱う授業のねらいは，次のような主体的な学び，深い学びですので，このまとめ方は自然なのです。

　「さまざまな観点から問題をとらえる広い視野がもてるようにする」

　「1通りの考え方や答えに満足せず，さまざまな考え方や答えを求めようとする主体性をもてるようにする」

　まとめをすると，集約された考え方や答えの印象が強くなりすぎ，授業のねらいがぼやけてしまいがちです。このような，いろいろな考え方，答えを発表して終わりとするまとめ方は，主に低学年における授業で見られますが，高学年でも，題材やねらいによってはあり得ます。本書に掲載している6年生の「各国の主張をさぐれ！」などは，そのよい例です。

もう1つは，発表されたさまざまな考え方や答えを，子どもたちが予想できなかったように関連づけてみせるまとめです。オープンエンドの問題を扱った授業の経験がある高学年の授業でよく見られるまとめ方です。本書に掲載している6年生の「〇×△＝〇－△にあてはまる数は？」などは，そのよい例です。このまとめ方をする授業では，教師のかなり深い教材研究と，関連づけに対して興味・関心を感じられるまで子どもが育っている，という条件が必要になります。

　いずれにせよ，オープンエンドの問題を扱った授業では，まとめにあまり力を入れないようにしましょう。大切なのは，いろいろな考え方や答えを見つける楽しさを，子どもたちが味わえることなのですから……。

7．授業参観には，オープンエンドの問題を扱った授業を

　授業参観の前日の職員室。何とも重苦しい雰囲気に包まれているものです。それほど，授業参観は，先生方の悩みの1つに挙げられています。そんな苦手意識を，オープンエンドの問題を扱った授業で解消しませんか？

　まず，オープンエンドの問題そのものがおもしろいため，保護者もひきずりこめるというメリットがあります。電車の中吊り広告に問題を掲載し，大人をひきずりこむ戦略でシェアを増やしている大手進学塾をご存知の方も多いでしょう。保護者からの信頼を得るには，保護者をひきずりこむ問題を設定することが1番です。参観している大人に「退屈だなあ！　つまらないなあ！」と感じさせては，子どもだって同じ思いをもつことでしょう。

　逆に，「おもしろい！　楽しい！」「こんな楽しい授業，自分が子どもの頃には受けたことはなかった。今の子どもたちは幸せだなあ！」と思わせれば，子どもの前で先生を誉めるに違いありません。保護者に信頼されれば，あなたの学級経営は心配ありません。

　保護者が今まで参観した算数の授業は，わかりきったような問題の解決にだらだら取り組み，授業の最後に先生からの「わかりましたか？」という投げかけに，声を揃えて「はーい！」と応える退屈きわまりないものもあったに違いありません。だからこそチャンスなのです。教室の入り口に鉛筆とプリントを用意しておき，保護者にも子どもたちといっしょに考えてもらいましょう。子どもに負けまいと必死に考えることでしょう。そして子どもと同じように授業の主人公となった保護者は，自分の子ども以外の子の発表にも聞き入ることでしょう。家に帰ってからは，参観（参加）した授業の話できっと盛り上がるに違いありません。

　授業参観こそ，保護者からの信頼を獲得するチャンスです。と同時に，保護者の学力観などを正しい方向に導くチャンスです。保護者は，知識・技能＝学力ととらえがちです。

それを，社会に出てから求められる「主体性」「対話力」「追求力」そして「アクション力」に目を向けさせ，教育の意味を再認識させるうえでも，授業参観，学校公開でオープンエンドの問題を扱った授業に取り組むことをお薦めします。

8．校内研究でもオープンエンドの問題を扱った授業を

　今回の学習指導要領の改訂では，「主体的な学び」「対話的な学び」「深い学び」という新しい用語が飛び交っているため，校内研究がこれらの用語に振り回される危険性があります。しかし児童主体の自然な授業をしていれば，それが「主体的な学び」「対話的な学び」「深い学び」のある授業になります。教科書を開きながら一問一問教師が発問する授業や，得意な子たち数人が活躍するだけの授業では，「主体的な学び」「対話的な学び」「深い学び」のある授業にはなりません。

　しかし，自然と「主体的な学び」「対話的な学び」「深い学び」が実現できるオープンエンドの問題を扱った授業に取り組んでみると，教科書にある学習内容についても，問題提示の仕方，発問の仕方や内容，話し合いを入れるタイミング，教師の関わり方，まとめなどを工夫する手がかりがつかめ，どの授業でも「主体的な学び」「対話的な学び」「深い学び」が実現できるようになります。

　また，現行学習指導要領でも，教科書にある学習内容をすべての時間でできるように指導したうえで，考える時間を十分に確保し，さらに話し合い，考え合いの時間を確保することは不可能です。単元の中のどこをじっくり考えさせるか，話し合わせ考え合わせるか，どこは教師主導で展開するのかという軽重をつけた指導計画を立てることが不可欠です。オープンエンドの問題を扱った授業に学校全体で取り組むことで，学習内容の中のどこが考える，話し合う，考え合うに適しているかが見えてきます。これを教師1人だけで行うのは大変です。校内で，みんなで話し合い考え合ってつくっていくのが早道です。それこそ国際社会が求める協同問題解決能力の発揮どころです。新しく出された用語に振り回されるのではなく，何のために，どんな力をつけるために，将来どんな人間に育てるために，という原点，王道に立った教育を考え進めるうえでも，校内研究でオープンエンドの問題を扱った授業について校内全体で研究に取り組むことは有効です。

　また，オープンエンドの問題を扱った授業では，公立小学校が直面する「個に応じた指導」についても有効です。オープンエンドの問題は次元の違いに関係なく考え出された答えはどれも等しく認められます。したがって，普段の算数の授業では自力解決がなかなかできずに算数に対して苦手意識をもっている子も何らかの答えを自力で求めることが十分に期待できます。その結果，算数に苦手意識をもっていた子もそれ以降の算数の授業に進んで

取り組むようになることが大いに期待できます。また算数が得意な子も，さまざまな答えを見つけることに楽しさを感じます。その結果，算数の授業を退屈に感じていた子もそれ以降の算数の授業に「もっとほかの考え方はないか」など多様に，発展的に取り組むようになることが大いに期待できます。

　以上のように，オープンエンドの問題を扱った授業は，算数に取り組んだ校内研究で想定できるさまざまな研究テーマの追究に大いに有効と考えられます。もし，あなたの学校の校内研究で算数に取り組むとしたときには，オープンエンドの問題を扱った授業について研究に取り組んでみてはいかがでしょうか。

第2章

主体的な学び・対話的な学び・深い学びの
授業ができる実践例

4年

1.「答えが 36 になる式」

| 実施時期 | 「式と計算」のまとめ |

| 問題 | 下の式の□，○，◇に 1 ～ 9 までの数字を入れて，正しい式をつくりましょう。1 つの式に同じ数字を使ってもかまいません。

$$(\Box + \bigcirc) \times \Diamond = 36$$ |

めあて

| 主体的な学び | 計算のきまりを活用して，□，○，◇にあてはまる数を考えて，答えが 36 になる式を自ら進んで調べることができる。 |

| 対話的な学び | 答えが 36 になる式について，隣どうしや学級全体での話し合いを通して，分類・整理することができる。 |

| 深い学び | 発表された式の分類・整理を通して，自分では考えつかなかった見つけ方や，□，○，◇に入る数字の組み合わせのおもしろさに気づくことができる。 |

1 教材について

(1) 効率よく考える力を育てることができる

　この問題は，計算のきまりを活用しながら，条件に合うように筋道立てて考え，3 つの数を求めていく問題である。この問題を解く場合，最初に考えられるのは，□○△に 1 つずつ適当な数字を入れながら考えていく方法である。しかし，この方法では非常に労力が必要であり，効率的ではない。そこで，（　）の中をひとまとまりとして見て，ある数とある数とをかけると 36 になるような 2 つの数を考えること，そして，その結果をもとにして，□と○にあてはまる数を考えていくといった，筋道立てた考え方が有効である。

　仮に，□に 1，○に 2 をあてはめるというように，□に入る数から考えていくと，3 つの数の組み合わせは次の表のようになる。

□	1	1	1	2	2	2	3	3	3	3	4	4	4
○	3	5	8	2	4	7	1	3	6	9	2	5	8
◇	9	6	4	9	6	4	9	6	4	3	6	4	3

□	5	5	5	6	6	7	7	8	8	9	9
○	1	4	7	3	6	2	5	1	4	3	9
◇	6	4	3	4	3	4	3	4	3	3	2

20

この方向に子どもたちの意識を向けていくため，導入ではＡ×Ｂ＝Ｃの式でＡとＢにあてはまる数を求めるという問題場面を扱う。

(2) 多様な式を検討する段階で分類・整理するよさを味わうことができる

　□や○などにあてはまる数をいろいろと試しながら，答えが 36 になる式を見つける活動自体が，子どもにとっては楽しいものである。この問題では，さらに考えた式を整理していくと新たな発見があるという深い学びにつながるおもしろさがある。

　◇に入れる数から考えてみよう。

◇＝ 2

□	9
○	9

◇＝ 3

□	9	8	7	6	5	4	3
○	3	4	5	6	7	8	9

◇＝ 6

□	1	2	3	4	5
○	5	4	3	2	1

◇＝ 4

□	8	7	6	5	4	3	2	1
○	1	2	3	4	5	6	7	8

◇＝ 9

□	1	2	3
○	3	2	1

　はじめは，□や○に適当に数をあてはめていく方法をとった子どもも，条件に合うように数を入れ替えていくような主体的な学びのなかで，（　）の中の数の和と◇に入る数は36 を割り切れる数であることなどに気づいていき，ペアや集団での対話的な学びを通して，条件が整理されていく。

　個人解決でそれぞれがおぼろげに気づいていたことが，友だちと，それぞれの考えを発表し合い，整理することで，一目瞭然にはっきりと認識できるようになることもオープンエンドの問題のよさである。

(3) 問題を発展させるおもしろさを味わうことができる

　この問題では，□○◇に入れる数を 1 から 9 までに限定した。子どもは，この条件に合う数を考えていくうちに，「10 以上の数を入れてもよければもっと考えられる」「小数でもできるよ」というように，問題を発展させることができることに気づくだろう。

　また，「式の結果を 36 ではなくほかの数にしてみよう」という投げかけもおもしろい。24 や 48 などのように約数がたくさん存在する数ではたくさんの式が見つかるが，59 や61 のように 1 とその数以外には約数がない数（素数）では成立する式が見つからない。

　このように，問題の条件や式の結果を変えることで，問題解決を楽しんだり問題の本質的意味について理解を深めたりすることができる。さらに，問題を発展させるおもしろさを味わわせることで，深い学びにつながることもオープンエンドの問題のよさである。

2 展開例

(1) 問題把握

（問題の構造をイメージしやすいように例題を出す）

T　ある数とある数をかけると 24 になるような 2 つの数 □◇ を考えてみましょう。ただし，入るのは 1 から 9 までの整数とします。

C　3 × 8 ＝ 24 だから，3 と 8 です。

C　6 × 4 ＝ 24 だから，6 と 4 です。

C　まだまだ，たくさんありそうだな。

T　□ × ◇ ＝ 18 と式に表したらどうでしょうか。

C　□ ＝ 3，◇ ＝ 6 で，18 になる。

C　ほかにもあるよ。

T　それでは少し難しくしてみましょう。

　　（と言いながら問題を板書し，ワークシートを配付する）

> $(\square + \bigcirc) \times \diamondsuit = 36$

C　これも答えがいろいろありそうだ。

T　1 つだけ条件をつけましょう。□，○，◇ に入る数は，1 から 9 までの整数とします。

【主体的な学び】

「答えがいっぱいありそうだ」というイメージをもたせたり，「いろいろと考えてみるぞ」という主体的な学びにつなげることが重要である。そこで，式をつくる簡単な場面から導入し，本時の問題に結びつく子どもの発言を取り上げ，解決の見通しをもたせる。

---

(2) 個人解決

C　（□，○にランダムに数を入れていき，式が成立する場合の ◇ に入る数を見つける）

C　（□に 1，2，3 と順に数を入れていき，○や◇ に入る数を見つける）

C　（◇に入る数の条件に気づき，◇ に入る数を決めてから□や○の数を考えていく）

(3) 発表，話し合い

（カード $(\square + \bigcirc) \times \diamondsuit = 36$ を活用して式を提示する）

T　（個人解決のなかで，数名の子どもにカードに書き込ませ，黒板にランダムに掲示していく）

　　たくさん見つけましたね。うまく整理するにはどうしたらいいかな。

　　（いろいろな式について，自分なりの観点で整理しようとする思いをもたせる）

C　□に入る数を 1 から順に並べるといいと思います。

C　◇に入る数を 1 から順に並べるといいと思います。

22

C （ ）の中をたした数で分けるといいと思います。

T どうしてですか。

C ◇に入る数を考えると式をつくりやすいと思いました。なぜなら 36 を割り切れる数を考えればいいからです。

C そのとき，（ ）の大きさを求めれば，□と○に入る数も簡単に求められるよ。

（整理された式を見て気づいたことを発表させる）

T では，◇の数で分けてみましょう。

（掲示した式のカードを分類・整理させる）

並び替えた式を見て気づくことはないかな。

C □と○を足した数も 36 を割り切れるよ。

T 1 も 36 を割り切れる数だけど，◇には入らないのですか。

C ◇が 1 だと，（ ）の中の数が 36 になるでしょ。これでは，□や○に入る数が 2 桁になってしまうよ。

T このほかに□や○，◇に入る数はないのですか。

C ◇に入る数は，この 36 を割り切れる数で 1 から 9 までだと，1，2，3，4，6，9です。だけど，1 は入らないから，あと 5 つの数しか絶対にありません。

C あとは，◇が 3 のときに（ ）の中が 12 になる□と○を順番に見つけていけば，全部の数を探し出すことができます。

┌─【対話的な学び】────────────────────────────┐
│ ランダムに掲示された式を見やすく並び替える活動を通して，◇に入る数に着目させ，
│ どんな数が入るのか，発表された数以外にはないのかなどについて，ペアや集団での対
│ 話的な学びで考えを深めることができる。
└──────────────────────────────────────┘

(4) まとめ，発展

T 考えた式を皆で発表し合って，整理してみたら，◇には決まった数しか入らないことや，それ以外にも□や○に入る数の組み合わせがはっきりしましたね。

今度は，式の結果が 36 ではなく，ほかの数の場合についてや，□，○，◇に入る数の条件を変えた場合などについても，自分たちで調べてみましょう。

┌─【深い学び】──────────────────────────────┐
│ 式の結果を変えたり，10 以上の数を入れてもいいことに条件を変えたりすることで，
│ □，○，◇に入る数がどのように変わるのかを調べ，問題解決を楽しんだり問題の本質
│ 的意味について深い学びをしたりすることができる。
└──────────────────────────────────────┘

学 習 指 導 案

学　習　活　動	指導上の留意点（○）と評価（◇）
1. 問題把握 T 「□×◇＝24」の□と◇に入る数はわかりますか。 C 3×8や6×4があります。 T 「□×◇＝18」の□と◇に入る数はわかりますか。 C 3と6，2と9などが入ります。 T それでは，「（□＋○）×◇＝36」の場合はどうでしょう。なお，□，○，◇には1～9までの整数が入ります。	○本時の問題の意味をより理解しやすくし，全員を同じ学習の舞台で考えられるようにするために，簡単な場合から出題していく。 ○ワークシートを配付する。
2. 個人解決 C1 （□，○，◇に入る数の組み合わせをランダムに見つけていく） C2 （□に入る数を1，2，3……と変えて表をつくり，○，◇に入る数を見つけていく） C3 （◇に入る数は36をわりきれる数なので，◇の数をもとに表をつくり，□，○に入る数を見つけていく）	○机間指導において，どのような見つけ方をしているかを把握する。 ◇問題の意味を理解し，□，○，◇に入る数の組み合わせについて，表などをつくりながら見つけることができたか。 ◇調べていく過程で，◇に入る数から考えたほうが組み合わせを見つけやすいことに気づくことができたか。　　　　　**＜主体的な学び＞**
3. 発表，話し合い T □，○，◇に入る数の組み合わせを発表しましょう。 　　（黒板に式のカードを貼る） T 式のカードをわかりやすいように貼り直すには，どのように貼ればよいでしょう。 C □が1の組み合わせ，2の組み合わせ，……と順々に並べるとわかりやすいと思います。 C ◇に入る数を決めて，そのときの組み合わせごとに順々に並べるとわかりやすいと思います。 T なぜそう思うのですか。 C （　）の中をひとまとまりと考えると，この式は「△×◇＝36」と考えられます。すると，△の一部から考えるより◇から考えたほうが見つけやすいと思ったからです。 C ◇には，式の結果である36がわりきれる数を入れればよく，このほうが考えやすく，見ている人もわかりやすいと思います。 　　（◇に入る数ごとに並び替える） T 並び替えてみて，何か気づきましたか。 C ◇に入る数は，36をわりきれる数です。 C ◇に入る数が同じとき，□と○の和は同じです。	○組み合わせを発表させ，カードにマジックで書き，黒板にランダムに掲示する。 ◇わかりやすいように掲示する方法を自分なりに考えることができたか。 ◇わかりやすい掲示の仕方の根拠を説明することができたか。　　　　　**＜対話的な学び＞** ◇◇に入る数ごとにまとめて考えたほうがわかりやすいことが理解できたか。 ◇並び替えた結果から，自分なりにきまりなどに気づくことができたか。 ◇並び替えた結果から，気づいたことを説明することができたか。　　　　　**＜深い学び＞**
4. まとめ，発展 T 式を整理することで，◇に入る数で整理した方がわかりやすいことや，◇に入る数，□，○に入る数の組み合わせのきまりが見えてきましたね。 　　今度は，式の結果が36ではない数に変えたり，1～9の数の条件を変えたりして，自分たちで調べてみましょう。	○時間が残っていないときは，きまりについて確認するだけで授業を終え，問題づくりは家庭学習にする。 ◇式の結果である「36」を，なるべく多くの組み合わせをつくる，組み合わせをつくらないなどの観点から考えることができたか。 　　　　　**＜深い学び＞**

月　　日　　時間目　　　　　　　　4年　　組　　番　　名前＿＿＿＿

下の式の□、○、◇に1〜9までの数字を入れて、正しい式をつくりましょう。1つの式に同じ数字を使ってもかまいません。

$$(□＋○)×◇＝36$$

【□、○、◇に入る数の組み合わせ】

□＝　○＝　◇＝

□＝　○＝　◇＝

□＝　○＝　◇＝

□＝　○＝　◇＝

□＝　○＝　◇＝

□＝　○＝　◇＝

□＝　○＝　◇＝

□＝　○＝　◇＝

□＝　○＝　◇＝

□＝　○＝　◇＝

□＝　○＝　◇＝

□＝　○＝　◇＝

〈気づいたことを書きましょう〉

【式の答えの「36」をほかの数に変えた問題をつくり、そのときの□、○、◇に入る数の組み合わせを見つけましょう】

4年
5年
6年

4年

2.「面積が 36cm² の四角形をつくろう」

| 実施時期 | 「面積の公式の学習」の前時 |

| 問題 | 方がん紙上に，面積が 36cm² の四角形を自由につくりましょう。辺はななめにひいてもかまいません。ちょう点は，図の点の上のところにくるようにしましょう。 |

めあて

主体的な学び	面積が 36cm² のさまざまな長方形をつくることができる。
対話的な学び	友だちがつくった 36cm² の面積の四角形のつくり方について，隣どうしや学級全体での話し合いを通して理解することができる。
深い学び	四角形という条件を平行四辺形や台形にまで視野を広げ，36cm² の面積の四角形を多様につくりだすことができるとともに，長方形と正方形の面積の求め方（公式）に気づくことができる。

1 教材について

(1) 36cm² の面積をもつ四角形を多様に考えることができる

子どもたちは，まず格子線を利用して 36cm² の面積をもつ四角形，すなわち長方形がつくれないだろうかと考える。考えられる長方形は，1×36，2×18，3×12，4×9 の 4 種類である。

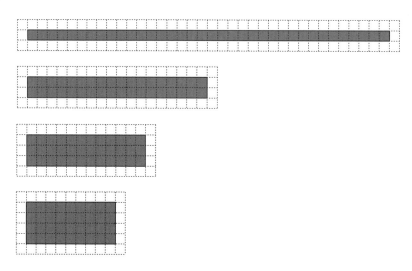

このように，面積が同じでもさまざまな長方形ができることが，この問題のもつおもしろさである。また，長方形をつくっているうちに，縦（横）を6cmにすると正方形ができてしまうことに気づけることも，この問題のもつおもしろさである。

(2) 1つの図形から次々と違う種類の図形が生まれるおもしろさを味わうことができる

（1）のように考えると，4年生「面積」のねらいである長方形，正方形の面積の求め方についてのイメージを豊かにもてるようになる。

しかし，子どもたちの豊かになった発想は，これで満足することはない。前時までの学習で身につけた，1cm^{2}の大きさはさまざまな形で表すことができるという等積変形の考えを活用して，面積が36cm^{2}の長方形や正方形をもとに，面積が同じ（36cm^2）四角形を多様につくり出すに違いない。ここが，この問題のおもしろさである。

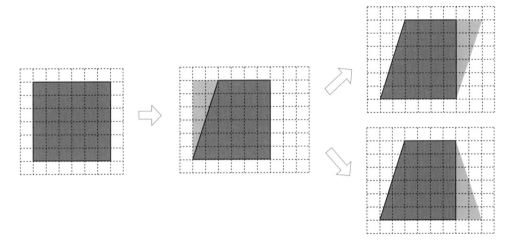

(3) 1つの辺をずらすことにより，同じ面積をもつさまざまな四角形がつくれるおもしろさを味わうことができる

長方形は4つの辺に囲まれている。そのうちの1辺をその中点を中心にして傾けていくだけで，面積が等しい四角形は，多様にできる。これもこの問題のもつおもしろさである。

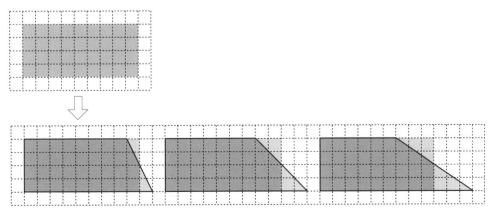

2 展開例

(1) 問題把握

T これまでに面積を表す単位の平方センチメートル（cm²）を勉強しましたね。1cm² の表す面積は，どのような大きさでしたか。

C 1辺が 1cm の正方形の面積です。

C ほかにもありました。

T どのような 1cm² の面積がつくれますか。

C （実物投影機などに，イメージした 1cm² の面積をした形をかかせる）

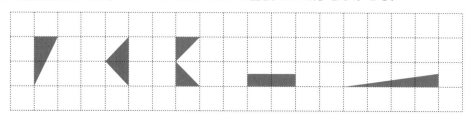

T 本当に面積が 1cm² になっているか，確かめてみましょう。
　（発表ごとに，実物投影機などでそれぞれが 1cm² になっているかを確かめる）

T 面積が 1cm² の形にも，いろいろな形があることがわかりましたね。
　それでは，面積が 36cm² の場合はどうなりますか。

C 1cm² の形よりもたくさんできそうです。

T 1cm² でもいろいろできましたよね。それでは，1つ条件をつけましょう。
　「面積が 36cm² の四角形をつくろう」としたらどうですか。やはり，いろいろな四角形ができそうですか。
　（ワークシートを配付する）

> 【主体的な学び】
> 　1cm² より広い面積にふれる経験は初めてであるため，1cm² を 1 列に並べた形しか思い浮かばない可能性がある。そこで，面積を「36」という大きい数値にし，何列かに並べてみようと考えられるようにするところが本時のポイントである。
> 　また，1cm² の面積をもつ形にはいろいろな形があることを見せることにより，本時の問題にも多様性を見いだそうとする主体的な学びができる。

(2) 個人解決

C （方眼を活用して，面積が 36cm² の長方形（正方形）をつくる）

C （縦（横）が 1 列のとき，2 列のとき，……というように 1 列に並ぶ 1cm² の正方形の数を変化させていき，面積が 36cm² の長方形（正方形）を見つける）

C （1つの長方形をもとに等積変形により，台形，平行四辺形などをつくる）

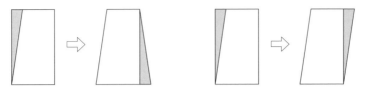

C （1つの長方形をもとに，1つの辺をずらすことにより，台形や平行四辺形をつくる）

(3) 発表，話し合い

T それでは，36cm²の面積をもつ四角形を発表しましょう。
（実物投影機などを使い，作品を紹介する。作品は黒板に掲示する）

T 36cm²の面積をもつ四角形にも，いろいろな形があるのですね。どのような形といえますか。

C 長方形，正方形，平行四辺形，台形，そのほかの四角形に分けられると思います。

―【対話的な学び】―
　友だちのつくった四角形について全体で共有することで，同じ面積でも多様な形があり，それらは長方形，正方形，平行四辺形，台形，そのほかの四角形に分類できることに気づくことができる。

(4) まとめ，発展

T （長方形，正方形，平行四辺形，台形，そのほかの四角形に分類して掲示する）
どのような特徴に気づきますか。

C 正方形は1つしかありません。

C 長方形は，縦に並んでいる1cm²の正方形の数と横に並んでいる1cm²の正方形の数をかけると，どれも36になります。

C 正方形の場合も，同じことがいえます。

C 36cm²以外のときにも同じことがいえるか，調べてみるとおもしろいと思います。

T 平行四辺形や台形も，いろいろな形ができそうですね。
次の時間は，面積を変えて調べて，きまりを見つけましょう。

―【深い学び】―
　操作を通して，36cm²の面積の四角形を多様につくるとともに，長方形と正方形について，面積が縦×横で求められるというきまりに気づくことができ，公式化につながる深い学びとなる。

学 習 指 導 案

学　習　活　動	指導上の留意点（○）と評価（◇）
1. 問題把握	
T　1cm^2 の面積の形をつくりましょう。	○ワークシートを配付する。
C　（ワークシートの［問題1］に作図する）	○色鉛筆，定規を用意させる。
T　1cm^2 の図形はいろいろありますね。	○頂点は格子点上にくるように作図することを理解させる。
次は，36cm^2 の四角形をつくりましょう。辺は，ななめにひいてもかまいません。	◇いろいろな形をした 1cm^2 の図形を正しく作図できたか。
2. 個人解決	
C　（ワークシートの［問題2］に作図する）	
C　（ます目を数えて 36cm^2 の図形をつくる）	○作図した四角形が本当に 36cm^2 になっているかを確認し，違っていた場合は助言をする。
C　（36cm^2 になる長方形をつくる）	
C　（36cm^2 の長方形を等積変形させてつくる）	
C　（36cm^2 の長方形の1辺をずらしてつくる）	◇いろいろな形をした 36cm^2 の四角形を正しく作図できたか。　　　**＜主体的な学び＞**
3. 発表，話し合い	
T　つくった 36cm^2 の四角形を発表しましょう。	○最初は長方形を発表させ，そのあとに斜めに位置する辺が入った四角形を発表させる。
C　（作図した 36cm^2 の四角形を実物投影機などで発表する）	
T　どのような四角形ができましたか。	
C　長方形，正方形ができました。	
C　長方形をつくっていると正方形になり，さらに変形させていくと，平行四辺形や台形になったことがおもしろかった。	◇長方形，正方形以外も四角形と認めることができたか。　　　**＜対話的な学び＞**
C　ひし形や名前がない四角形もできました。	
4. まとめ，発展	
T　同じ 36cm^2 の四角形を見て，何か気づくことはありませんか。	◇長方形（正方形）の二辺の長さと面積の関係に気づくことができたか。
C　長方形では，どれも縦の数と横の数をかけた答えが面積の 36 になっています。	◇気づいたことを自分なりの表現で説明できたか。　　　**＜深い学び＞**
C　正方形も 6×6 で，長方形と同じように答えが面積の 36 になっています。	
C　36cm^2 の長方形の1つの辺をずらしていくと平行四辺形や台形ができておもしろい。	◇友だちのつくった 36cm^2 の面積の四角形のつくり方を理解することができたか。　　　**＜対話的な学び＞**
C　36cm^2 以外の四角形もつくってみたい。	
T　次の時間は，面積を変えて調べて，きまりを見つけましょう。	◇発展的に考えることができたか。　　　**＜深い学び＞**

月　日　時間目

4年　　組　　番　　名前＿＿＿＿＿＿

《気づいたことを書きましょう》

【問題1】 1cm² の面積の形をつくりましょう。（方がんのます目は 1cm として考えます）

【問題2】 36cm² の面積の四角形をつくりましょう。（方がんのます目は 1cm として考えます）

【36cm² 以外の四角形もつくってみましょう】

〈＿＿＿cm² の四角形〉

4年

5年

6年

4年 3.「三角定規を使って150°の角をつくろう」

| 実施時期 | 「角」のまとめ |

問題 三角定ぎを何まいか使って、150°の大きさの角をつくります。
どのようなつくり方があるでしょうか。
使う三角定ぎの種類も数も自由です。

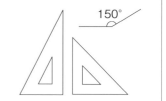

めあて

主体的な学び 三角定規の角の合成をすることにより、150°の角のつくり方を多様に考え出すことができる。

対話的な学び 自分では考えつかなかった150°の角のつくり方を、友だちの発表から学び、さらに見つけることができる。

深い学び 三角定規の組み合わせ方を式で表し、その組み合わせ方を説明することで、場面や数量関係などを式化するよさを実感することができる。

1 教材について

(1) 角の大きさを柔軟にとらえることができる

もし、「1組の三角定規を使って150°をつくる」という条件でこの問題を設定したらどうなるだろうか。「90°と60°の組み合わせ」という1通りしか答えは存在せず、おもしろみに欠けた問題でしかなくなってしまう。ところが、「使う三角定規の種類も枚数も自由でよい」というように条件をゆるやかにすることにより、学習活動の幅は広がる。30°の5つ分と、とらえることも、45°2つ分と60°1つ分と、とらえることもできるからである。

また、多様なあてはめ方を考える過程で、60°を30°2つ分と置き換えたり、90°を45°2つ分と置き換えたりする力を自然と養うことができることも、この問題のもつよさである。

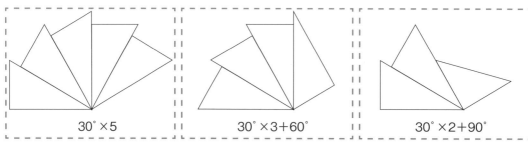

30°×5　　　30°×3+60°　　　30°×2+90°

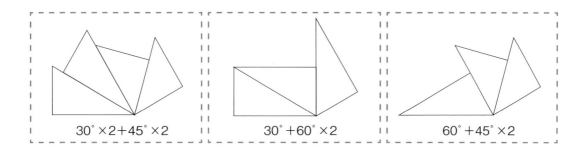

(2) どのつくり方から考えるか，どのように考えていくかにも多様性がある

　この教材は，150°をつくるための三角定規の組み合わせ方が多様に考えられるというよさがある。ほかにも，150°のつくり方をどの組み合わせ方から考えるかという点や，それをどのように活用して新たな組み合わせ方を見つけていくかという「見つけ方」の点からも，オープン性を生かすことができる。

　たとえば，30°×5として150°をつくるという組み合わせ方から出発したとき，いかに考えてさまざまな組み合わせ方を見つけていけるかを図に表してみよう。

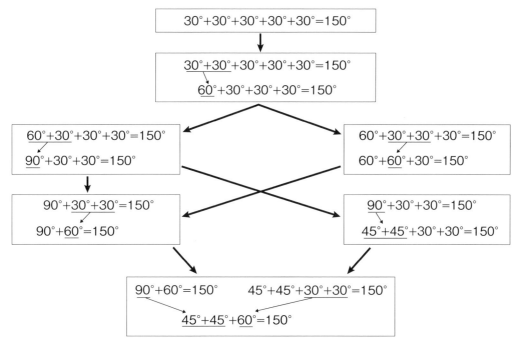

　この教材は，このように，150°をつくるための三角定規の組み合わせ方という答えそのもののオープン性だけでなく，さまざまな組み合わせ方を網羅していくたどりつき方のオープン性も楽しむことができる。

　また，三角定規の組み合わせ方を式化することにより，つくり方をわかりやすく説明することができるため，式化するよさを子ども自身の手で味わうことができることも，この教材のもつよさといえる。

2 展開例

(1) 問題把握

(問題を明確に理解できるように，黒板で場面を実演する)

T （黒板用三角定規一組を用意し，60°と90°の角を合わせて見せる）
このような角ができました。角の大きさは何度でしょう。

C 60°と90°で150°です。

T 確かめてみましょう。
（黒板用分度器を使って，150°になっていることを確かめる）

T もうほかには，150°をつくる方法はありませんか。

C ありません。

C もっとほかにも三角定規を使ってもよいのなら，できるのですが……。

C 三角定規は何枚も使っていいのですか。

T 何枚使ってもいいです。
（条件をゆるやかにすることにより，答えの多様性をイメージさせる）

C それならできます。

C 何枚も使ってよいのなら，何種類かできそうです。

T それでは，友だちどうしで自由に三角定規を交換し合って，150°の角のつくり方を考えてみましょう。
（ワークシートを配付する）

【主体的な学び】

　三角定規1組だけでは1通りしかできない150°を題材に選び，「150°のつくり方はほかにもないか」と投げかけることで，「ほかにもつくり方があるようだ」という見通しをもたせるようにする。見通しがもてた子どもは，三角定規の新たな組み合わせ方を考えるようになり，活動を自らつくりあげるような主体的な学びを育むことができる。

---

(2) 個人解決

(さまざまな150°のつくり方を考える)

C1 （すべて30°の角で構成しようと考え，30°の角5つ分で150°をつくる）

C2 （30°2つ分を60°に置き換え，30°3つ分と60°1つ分で150°をつくる）

C3 （30°3つ分を90°に置き換え，30°2つ分と90°1つ分で150°をつくる）

C4 （90°を45°2つ分に置き換え，30°2つ分と45°2つ分で150°をつくる）

C5 （30°2つ分を60°に置き換え，30°1つ分と60°2つ分で150°をつくる）

C6 （30°2つ分を60°に置き換え，45°2つ分と60°1つ分で150°をつくる）

┌─【対話的な学び】────────────────────────────────
│　さまざまな答えを見つけるのに必要な「30°2つ分＝60°」「90°＝45°2つ分」な
│どの任意単位どうしの置き換えができるようにするため，隣どうしで自由に三角定規を
│交換し合えるような環境を設定した。このような環境により，コミュニケーションが活
│発になり，より幅広い視野からの学習活動ができ，対話的な学びが実現できる。
└──

(3) 発表，話し合い

　　（さまざまな150°のつくり方を発表する）

T　（150°ができるさまざまな組み合わせを，黒板で発表させる。式化したときに関連づけ
　　をしやすいように指名順を考慮する）

C　（150°がつくれる三角定規の組み合わせ方を発表する。この段階では，図または言語に
　　より自分のつくり方を表現する）

T　（150°をつくっていく見つけ方に，話し合いの方向性を向ける）
　　60°と90°を組み合わせる以外にも，6種類ものつくり方があるのですね。
　　ところで，これらのつくり方をどうやって見つけたのですか。

C　先生が見つけた60°と90°の組み合わせから，同じように考えていき見つけました。

C　はじめに，30°を5つ組み合わせると150°になることに気づきました。次に，30°2
　　つ分で60°，30°3つ分で90°，それに90°1つ分は45°2つ分というように置き換え
　　ていき見つけました。

(4)　まとめ，発展

T　150°になる組み合わせを整理してみましょう。

C　言葉で書くとわかりにくいので，かけ算とたし算を組み合わせた式で書くといいと思
　　います。

T　それでは，皆が見つけた150°のつくり方を，式でまとめてみましょう。

C　30°×5＝150°，30°×3＋60°＝150°，30°×2＋90°＝150°，30°×2＋45°×2＝150°，
　　30°×2＋60°＋30°＝150°，30°＋60°×2＝150°，45°×2＋60°＝150°，60°＋90°＝
　　150°

C　式で表すとわかりやすかったです。150°以外でもやってみたいです。

┌─【深い学び】────────────────────────────────
│　150°になる組み合わせについて式化することにより，つくり方をわかりやすく説明
│することができる。また，式化のよさを子ども自身で味わうことができるような深い学
│びにつなげることができる。
└──

学 習 指 導 案

学 習 活 動	指導上の留意点（○）と評価（◇）
1. 問題把握 T　一組の三角定規を先生と同じように組み合わせます。できた角度は何度でしょう。 C　60°と90°で150°です。 T　150°をつくる組み合わせはほかにもありますか。 C　三角定規をもっと使ってよければできると思います。 T　それでは友だちと協力して三角定規を使い，いろいろなつくり方を考えましょう。	○三角定規を少なくとも1組，できればそれ以上用意させる。 ○事務室や教材室などにある三角定規をできるかぎり多く用意する。 ◇同じように三角定規を組み合わせることができたか。 ◇何度の角になるかを言葉で説明できるか。 ○教師が用意した三角定規を，均等に配付する。 ○ワークシートを配付する。
2. 個人解決 C1（30°の5つ分でつくる） C2（30°3つ分と60°でつくる） C3（30°2つ分と90°でつくる） C4（30°2つ分と45°2つ分でつくる） C5（30°1つと60°2つ分でつくる） C6（45°2つ分と60°でつくる）	○机間指導では，合計が150°になっているかを確認し，なっていない子どもには確かめるよう助言する。 ◇150°になる組み合わせを多様に考えることができたか。　　　　　　　　　**＜主体的な学び＞**
3. 発表，話し合い T　組み合わせを発表しましょう。どのように考えましたか。 C7　60°と90°をもとに，60°は30°の2つ分，90°は45°の2つ分でもあり，30°の3つ分でもあるところに目をつけました。 C8　150°は30°の5つ分に目をつけ，そこから30°の2つ分が60°，3つ分が90°，45°の2つ分が90°に目をつけました。	○実際に150°になるかを，黒板用三角定規を使って確かめさせる。 ◇考え方を言葉で筋道立てて説明することができたか。 ◇友だちの説明を理解し，さらに見つけようとの意欲をもつことができたか。 　　　　　　　　　　　　　**＜対話的な学び＞**
4. まとめ，発展 T　150°ができる組み合わせをわかりやすく表す方法を考えましょう。 C　式で表すとわかりやすいと思います。 C1　30°×5で150°です。 C2　30°×3＋60°で150°です。 C3　30°×2＋90°で150°です。 C4　30°×2＋45°×2で150°です。 C5　30°＋60°×2で150°です。 C6　45°×2＋60°で150°です。 C　150°以外についてもつくり方を考えてみたい。	◇組み合わせ方を式で表すことができたか。 　　　　　　　　　　　　　　　**＜深い学び＞** ◇ほかの角についても調べてみようとの意欲をもつことができたか。

月　日　時間目　　　　　4年　　組　　番　名前＿＿＿＿＿＿

三角定ぎを何まいか使って、150°の大きさの角をつくります。どのようなつくり方があるでしょうか。
使う三角定ぎの種類も数も自由です。

〈組み合わせ方①〉

〈組み合わせ方②〉

〈組み合わせ方③〉

〈組み合わせ方④〉

〈組み合わせ方⑤〉

〈組み合わせ方⑥〉

〈組み合わせ方①〜⑥を式で表してみましょう〉
組み合わせ方①・・・・・・
組み合わせ方②・・・・・・
組み合わせ方③・・・・・・
組み合わせ方④・・・・・・
組み合わせ方⑤・・・・・・
組み合わせ方⑥・・・・・・

〈気づいたことを書きましょう〉

【＿＿＿＿＿＿。について、組み合わせ方を考えてみましょう】

4年
5年
6年

4年

4.「わり算のひっ算をつくろう」

実施時期 「わり算」のまとめ

問題　□に1〜9の数字を入れて，わり算のひっ算をつくりましょう。
同じ数字を何回使ってもかまいません。

めあて

主体的な学び　わり算の筆算の手続きにしたがい，題意に合うように3年生で学習した商が2位数の簡単なわり算を多様に見つけることができる。

対話的な学び　友だちの発表した式について，隣どうしや学級全体で確認することで，見やすく整理し，さまざまな発見をすることができる。

深い学び　題意に合うわり算の筆算を見つける際，わられる数とわる数，商との関係に着目し，それを利用して論理的に考えることができる。

1 教材について

(1) 身につけた計算方法を活用して筋道を立てて考えることができる

計算の学習では，まず計算の意味について理解し，計算の仕方を考え，計算の習熟を行っていくことになるが，次のような計算問題を手順にしたがって正確に計算することが重視され，ドリル的な学習が多くなる傾向がある。

しかし，計算問題を繰り返し解く学習ばかりでは，与えられた計算の答えを見つけることはできるようになっても，式について考えたり，式をつくったりする力は育ちにくい。

この教材は，第3学年で学習した計算方法を前時に習得したわり算の筆算の仕方にあてはめて，わり算の筆算を多様につくり出すというものである。上のように，わる数が3で，わられる数と商がともに2桁であり，しかも，十の位，一の位とも1回の九九でわりきれる形にしてある。

まず，わられる数の十の位のひき算，一の位のひき算の差が0になるところに目がいく。つまり，このわり算の筆算は，次ページのように置き換えることができる。すると，▲お

よび■にはそれぞれ3でわりきれる数が入ることがわかる。

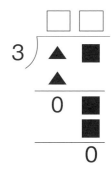

　たとえば、わられる数の一の位が3の場合は条件に合うことがわかり、33÷3＝11という筆算ができあがる。次にわられる数の十の位に4を入れてみると、商の十の位には1がたつが「かける→ひく」をしてみると、4では条件に合わないことがわかる。「ではどうしたらよいか」というように、子どもは、□のある位置を考えながら、わられる数とわる数、商との関係を筋道立てて考えるのである。

　このように、解決の手がかりとなる要素に着目し、それを利用して論理的に考え解決していく力を、この教材では養うことができる。

(2) 話し合いによって、その商になる理由がはっきりするおもしろさを味わうことができる

　正解は全部で9通りある。これらを並べてみると、わられる数は十の位、一の位ともに3でわりきれる数であるということ、商は、1と2、3の数字の組み合わせでできる2桁の数だということなどがはっきりする。ここが、この教材のおもしろさである。

　はじめは試行錯誤的に取り組んでいても、次第にわられる数の十の位、一の位に入る数は、ともに3でわりきれる数であることに気づいていく。しかし、限られた時間の中では、1人で9通りを見つけられるとは限らない。全体で発表し合い、9通りの筆算が順序よく並べられたところで、「やっぱりそうか」と納得する。さらに、商は1と2と3の組み合わせでできる2桁の数であること、そしてその理由が話し合いによってはっきりしていくところに、子どもたちは夢中になる。

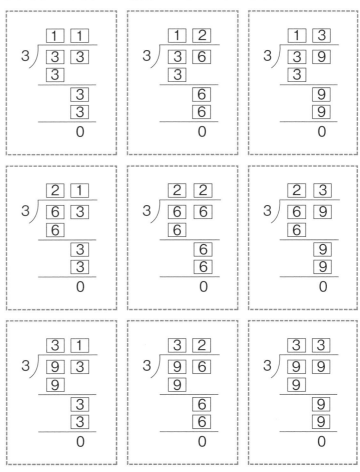

2 展開例

前時に，第3学年で学習した商が2位数の簡単なわり算について筆算の仕方を指導する。その際に扱うわり算は，わる数が2と4だけとし，わる数が3のわり算は本時用に扱わないでおく。

(1) 問題把握

（子どもが問題場面をイメージしやすいように例題1つを全員で計算する）

T （右のような式を板書して）答えが2桁になって，□の中に1から9までの数字が入るわり算の筆算はありますか。

C あります。

C 33÷3があります。

T （子どもが発言した筆算を板書し，数字を□で囲む）
このように，わる数が3で，□が7か所あるわり算の筆算は，33÷3以外にもありますか？

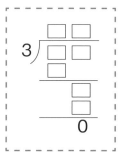

C いろいろ考えられます。

T それでは，ほかの筆算の式を見つけましょう。
（ワークシートを配付する）

【主体的な学び】

どの子どもにも，「答えがいっぱいありそうだ」というイメージをもたせたい。このイメージが「いろいろと考えてみるぞ」という主体的な学びにつながる。また，問題の条件設定に結びつく子どもの発言を取り上げ，意欲を高め，さらに解決の見通しをもてるようにしていくことも大切である。

(2) 個人解決

C1 （商の十の位の□には1を入れたままで，一の位の□に1，2，3を入れるというように考え，33÷3，36÷3，39÷3という式を見つける）

C2 （商の十の位の□に2，3を入れて考え，63÷3，93÷3という式を見つける）

C3 （□の中に数字をランダムに入れて，条件にあてはまるものを探そうとする）

C4 （わられる数の十の位と一の位には3でわりきれる数が入ることに気づき，66÷3，69÷3，96÷3，99÷3という式を見つける）

(3) 発表，話し合い

T （子どもが発表した筆算を画用紙などのカードに書き，あとで操作できるように，黒板にランダムに掲示していく）

T 見つけた式を発表しましょう。

C 33÷3＝11   C 36÷3＝12   C 39÷3＝13

C 63÷3＝21   C 66÷3＝22   C 69÷3＝23

C 93÷3＝31   C 96÷3＝32   C 99÷3＝33

T いろいろな式が発表されましたが，見やすく整理できますか。

C 答えの小さい順に並べれば見やすいよ。

C 本当だ。そうするとわられる数も小さい順になるよ。

T 順番に並べるというのはいい考えですね。

> ┌─【対話的な学び】
>
> きまりを見つける活動は，算数の授業全体を通して重視すべき内容である。
>
> きまりを見つける楽しさは，できるかぎりすべて子どもに味わわせたい。本時でも，筆算を見つけることはできても，わられる数の十の位，一の位の□に入る数は 3，6，9 に限定されること，商の十の位または一の位から順序よく考えていくと落ちや重なりなく答えを網羅できることには，まだ気づけない子どももいるだろう。
>
> そこで，あえて発表されたさまざまな式をランダムに掲示し，隣どうしや学級全体での対話的な学びを通して，順序よく整理するよさや，きまりを見つける楽しさを味わわせる。

(4) まとめ，発展

T （39 ページのように，3 段 3 列に並び替える）

C 答え以外の□の中には，3，6，9 の 3 種類の数字だけが入っています。

C 答えの□の中には，1，2，3 の 3 種類の数字だけが入っています。

T 答えの□には，なぜ 4 が入らないのでしょう。

C 4 より大きい数になると，繰り上がってしまって，問題の□のないところにも数字があることになってしまうからです。

T だから，式は 9 種類しかないのですね。

　次の時間には，筆算にある□の数を 8 個にして考えてみましょう。

> ┌─【深い学び】
>
> 見つけたきまりのなかから，□の中に 4 以上の数が入らないことを取り上げる。「もし 4 だとしたら〜」と例を挙げながら，題意に合う筆算が成立しないことを説明させることで，筆算の仕組みについて，わられる数とわる数，商との関係に着目し，筋道を立てて考える力を育むことができる。

学 習 指 導 案

学 習 活 動	指導上の留意点（○）と評価（◇）
1. 問題把握 □に1〜9の数字を入れて，わり算のひっ算をつくりましょう。 同じ数字を何回使ってもかまいません。 $3\overline{\smash{)}\square\square}$（筆算：商の□□，被除数の□□，□，□，余り0）	○前時に行った筆算の仕方の理解が不十分な子どもがいると予想される場合は，まずはわる数が2のときで考えさせる。 ○問題の意味が十分に理解できていない子どもがいると判断されるときには，例を1つ出して問題の意味を全員に理解させる。
2. 個人解決 C1（商の十の位の□には1を入れたまま，一の位の□に1, 2, 3を入れて考え，33÷3，36÷3，39÷3という式を見つける） C2（商の十の位の□に2, 3を入れて考え，63÷3，93÷3の式を見つける） C3（□の中に数字をランダムに入れて，条件にあてはまるものを見つける） C4（わられる数の十の位と一の位には3でわりきれる数が入ることに気づき，66÷3，69÷3，96÷3，99÷3の式を見つける）	○ワークシートを配布する。 ○1つの式を見つけただけで満足している子どもには，「ほかの式を見つけた友だちもいるよ」と助言し，ほかの式を見つけようとする気持ちを喚起する。 ◇1つの式だけでなく，多様な式を見つけようとできたか。　　　　　**＜主体的な学び＞**
3. 発表，話し合い T　見つけた式を発表しましょう。 C　（33÷3，36÷3，39÷3，63÷3，66÷3，69÷3，93÷3，96÷3，99÷3を発表） T　いろいろな式が発表されましたが，見やすく整理できますか。 C　答えの小さい順に並び替えるとわかりやすくなると思います。	○発表された式を掲示用紙に書き写し，ランダムに掲示する。 ◇多様な式について，話し合いを通して観点を決め，整理することができたか。 ◇整理された式からきまりなどに気づき，さまざまな発見をできたか。　　**＜対話的な学び＞**
4. まとめ，発展 （39ページのように3段3列に並び替える） C　答え以外の□には，3, 6, 9の3種類の数字だけが入っています。 C　答えの□には，1, 2, 3の3種類の数字だけが入っています。 T　答えの□には，なぜ4が入らないのでしょう。 C　4より大きい数は繰り上がるので，□のないところにも数字があることになります。 T　だから，式は9種類しかないのですね。次の時間は，筆算にある□の数を8個にして考えてみましょう。	◇「なぜ4以上の数が入らないか」の理由を考え，説明することができたか。　　**＜深い学び＞** ○時間があれば，わる数が2のとき，4のときの筆算について考えさせる。

42

月　日　時間目　　　　　　　　　　　　　　　　　　　4年　組　番　名前＿＿＿＿

□に1～9の数字を入れて、わり算のひっ算をつくりましょう。

同じ数字を何回使ってもかまいません。

〈気づいたことを書きましょう〉

[わる数を2にしたとき、4にしたときのひっ算の式について考えてみましょう]

4年

5年

6年

43

4年

5.「立方体の展開図は何通り？」

実施時期 「立方体」のまとめ

問題 1辺5cmの立方体を切り開いた図を考えて、工作用紙にかきましょう。

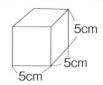

めあて

主体的な学び 立方体の展開図を，フリーハンドで多様に考えることができる。
対話的な学び 立方体の展開図を多様に考えるなかで，筋道立てて考えることができる。
深い学び 黒板に掲示された多様な展開図について，隣どうしや学級全体での話し合いを通して，同じ展開図を判別することができる。

1 教材について

（1）展開図を多様に考えるなかで空間図形の感覚，筋道立てて考える力を豊かにすることができる

　展開図とは，立体を何か所かの辺で切り開き，平面にしたものである。子どもたちは，手元にある立方体をもとに，どこを切り開くとどのような展開図になるかを考える。この活動を通して空間図形の感覚を豊かにすることができる。

　立方体の展開図は，次のように全部で11通りある。

11種類すべての展開図をランダムに見つけていくのは難しい。そこで、見つけた1つの展開図をもとに、面の1つを移動させながら見つけていくようなアイデアが必要となる。

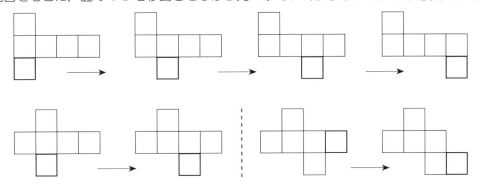

　このように、面を1つずつ移動させながら展開図を一つ一つ見つけていく活動を通して筋道立てて考える力を豊かにすることができる。

(2) 同じ展開図かどうかを見分ける活動を通して、平面図形感覚を豊かにすることができる

　展開図がたくさん見つかると、子どもはさらに楽しくなり、「もっと見つけよう！」と意欲的に取り組むようになるが、向きなどが異なることに気づかずに、同じ展開図を別の展開図ととらえてしまう子どももいる。

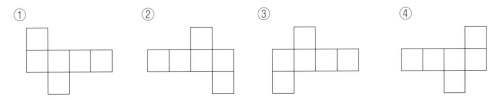

　そこで、見つけた展開図を黒板に掲示し、多くの展開図があることを観察させることで、向きなどが異なるが展開図としては同じ図があることに気づかせるようにする。
　「②は①を上下にひっくり返してから半回転させるとできる図なので、同じ展開図だと思います」
　「③は①を上下にひっくり返すとできる図なので、同じ展開図だと思います」
　「④は①を半回転させるとできる図なので、同じ展開図だと思います」
　このような説明のなかで、「回転する」「ひっくり返す」という図形感覚に結びつく用語を自然と使うことになり、図形感覚を豊かにすることができる。この学習の中で豊かになった図形感覚は、第5学年の「合同」、第6学年「対称」などで有効に働くことになる。

2 展開例

(1) 問題把握

T （立方体を1つ見せる）

　　この立方体を，何か所かの辺を切ることにより切り開いたときにできる図をかこうと思います。グループに1つずつ同じ立方体を配ります。ただし，実際に切ってはいけません。まず，どんな形で何種類の切り開いた図ができるかを，ワークシートにフリーハンドで図をかいて調べてみましょう。

　　（グループに1つずつ立方体を配付するとともに，ワークシートを配付する）

T　立方体には，いくつの面がありますか。

C　6つあります。

T　それでは，6つの面を組み合わせて，切り開いた図を考えましょう。

【主体的な学び】

　最初から工作用紙に立方体ができるよう正確に作図するのではなく，フリーハンドで展開図を考えさせるところが本時のポイントである。フリーハンドで図をかきながら考えることで，頭の中だけで考えるよりも，切り口が見つかったり，よりよい考え方に修正できたりすることができる。

(2) 個人解決

C1　（ランダムに6つの面をつなぎ合わせた図をかく）

C2　（6つの面を立方体ができるように展開図をランダムにかく）

C3　（6つの面を立方体ができるように展開図を1つつくり，その図をもとに1つの面を移動していき，展開図を次々とかく）

C4　（回転させたりひっくり返したりしても同じ展開図にならないかについて調べながら，展開図を次々とかく）

【深い学び】

　多様な展開図を考えるとき，ランダムにかいていくには，時間がかかったり，落ちが出たりすることが多い。そこで，ある展開図をもとに1つの面を移動させながら考えることで，筋道立てて考える力を伸ばすことができる。

(3) 発表，話し合い

T　それでは，見つけた切り開いた図を黒板に貼りましょう。

　　（黒板掲示用紙を渡し，見つけた展開図をかかせ，掲示させる）

T たくさんの切り開いた図が貼られました。よく観察してみましょう。何か気づいたことはありませんか。

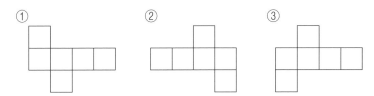

C ②は①を上下にひっくり返して半回転させると同じになる図です。
C ③は①を上下にひっくり返すと同じになる図です。
T 回したりひっくり返したりすると同じになる図は同じ図と見ましょう。ほかにも同じ図はないか見つけましょう。
C （同じ展開図を発表させる。その際，どうして同じ展開図と見なせるかを，実際に黒板に掲示された図を使って説明させる）
T （回したりひっくり返したりすると同じになる図を，それぞれ重ねて掲示する）
T 全部で11種類の図にまとめることができました。それでは，組み立てたときに本当に立方体ができるかを，実際に工作用紙に切り開いた図をかいてから組み立てて，確かめてみましょう。なお，立方体の1辺は5cmとします。
　（全員に工作用紙を配付する。一人ひとりにはさみ，定規，組み立てるときに使うセロハンテープを用意させる）
C （工作用紙に展開図をかき，切り取ってから組み立て，立方体ができるかを確かめる）

【対話的な学び】
　同じと見なせる展開図を見つけたあと，なぜ同じであるかを隣どうしや学級全体で考える場面を設定する。その際，「回すと同じ図になる」「ひっくり返すと同じ図になる」と言葉だけで説明するのではなく，操作的活動を取り入れながら説明すると，理解がより深く確かなものとなる。また，説明する側も，図を使いながら説明することにより，筋道立てて説明することができるようになり，図を使っての説明は，説明を聞く側にも説明をする側にもよさがある。

(4) まとめ，発展

T 立方体を切り開いた図は全部で11種類あることがわかりました。このように，立体を切り開いた図のことを「展開図」といいます。
　（黒板に「展開図」と板書し，ノートに書かせる）
T 今度の時間は，直方体の展開図について考えてみましょう。

学 習 指 導 案

学　習　活　動	指導上の留意点（○）と評価（◇）
1．問題把握 T　立方体とは，いくつの面でできていますか。 C　6つです。 T　立方体を切り開くとどんな図ができますか。ワークシートにフリーハンドで立方体を切り開いたときにできる図をかきましょう。ただし，切ってはいけません。	○考える手がかりとなるように立方体を見せる。 ○考える手がかりとなるように立方体をグループごとに配付する。 ○ワークシートを配付する。 ◇展開図をフリーハンドで，多様に考えようとしたか。　　　　＜主体的な学び＞
2．個人解決 C1　（ランダムに6つ面をつなげた図をかく） C2　（立方体ができるようにランダムにかく） C3　（1つの展開図をもとに次々とかいていく） C4　（同じ図にならないように気をつけてかく）	◇見つけた1つの展開図をもとに，1つの面の位置を移動させて新たな展開図を多様に考えることができたか。 ◇同じ展開図がないかを調べることができたか。　　　　　　＜深い学び＞
3．発表，話し合い T　切り開いた図を黒板に貼りましょう。 　　切り開いた図を観察して気づいたことを発表しましょう。 C　回すと同じになる図があります。 C　ひっくり返すと同じになる図があります。 T　回したりひっくり返したりして同じになる図を見つけましょう。 C　（同じ展開図を発表する） 　　11種類の図にまとめられました。工作用紙に切り開いた図をかいて，立方体ができるかを確かめましょう。1辺は5cmです。 C　（工作用紙に展開図をかき，切り取って組み立て，立方体ができるかを確かめる）	○発表者には黒板掲示用紙を渡し，見つけた展開図をかかせる。 ○同じ展開図を発表させる。なぜ同じ展開図と見なせるかを，実際に黒板に掲示された図を使って説明させる。 ○回したり，ひっくり返したりすると同じになる図を，それぞれ重ねて掲示する。 ◇黒板に掲示された多様な展開図を見て，同じ図を判別し，なぜ同じ図であるのかを説明できたか。　　＜対話的な学び＞ ○黒板に「展開図」と板書し，ノートに書かせる。
4．まとめ，発展 T　立方体を切り開いた図は全部で11種類ありました。このように，立体を切り開いた図のことを「展開図」といいます。 　　次の時間は，直方体の展開図について考えてみましょう。	○全員に工作用紙を配付する。（一人ひとりにはさみ，定規，組み立てるときに使うセロハンテープを用意させる）

月　　日　　時間目

４年　　組　　番　　名前＿＿＿＿

１辺 **5cm** の立方体を切り開いた図を考えて、工作用紙にかきましょう。

【切り開くとどんな図ができそうかをフリーハンドでかきましょう】

【切り開いたときにできる図すべてを記録しておきましょう】

〈学習を終えての感想や学んだことを書きましょう〉

4年

5年

6年

4年

6. 「わり算をわり進めると？」

| 実施時期 | 「小数のかけ算とわり算」のまとめ |

問題

【問題①】
1÷□について，□の中に数をあてはめ，その答えを調べましょう。ただし，0は入りません。

【問題②】
○÷□について，○と□の中に数をあてはめ，その答えの変わり方を調べましょう。ただし，0は入りません。

めあて

| 主体的な学び | 整数どうしのわり算では，わり切れる場合とわり切れない場合とがあることに気づき，自ら進んで調べることができる。 |

| 対話的な学び | 隣どうしや学級全体での話し合いを通して，わり切れる場合とわり切れない場合とに整理し，きまりなどを考えることができる。 |

| 深い学び | わり切れないわり算の答えは，同じ数の繰り返し（循環小数）となっていることに気づき，その繰り返しのきまりを理解することができる。
わられる数やわる数のどちらか一方を固定して調べることで，循環部分の数の変わり方などについて考えを深めることができる。 |

1 教材について

(1) わり算の商には，循環小数と呼ばれる数があることをとらえることができる

　わり算の商には，わり切れる場合とわり切ることができない場合がある。たとえば，1÷2の商は0.5とわり切ることができるが，1÷3の商は0.333…と3が続くことになる。このような数を循環小数と呼び，3のように続く部分を循環節と呼ぶ。

　子どもは，1÷3の商0.333…や1÷6の商0.666…のような数については，循環節をとらえやすいが，1÷7の商0.142857…のような数はとらえにくいと考えられる。

　問題①では，1÷□について，□の数を変え，その商を調べ，循環節のきまりを見つける学習を行う。わり切ることができないわり算でも，循環節に着目すると，一定のきまりで数が変わることの不思議さを味わうことができ，ほかの数についても調べようという深い学びになる。

50

≪循環小数の例≫

　　1÷3＝0.333…　循環節〔3〕　　　1÷6＝0.1666…　循環節〔6〕

　　1÷7＝0.142857…　循環節〔142857〕

　　1÷9＝0.111…　循環節〔1〕　　　1÷11＝0.0909…　循環節〔09〕

　　1÷12＝0.08333…　循環節〔3〕　　　1÷13＝0.0769230…　循環節〔076923〕

　　1÷15＝0.0666…　循環節〔6〕　　など

(2) ○÷□に数をあてはめ，商の変化などについて発展的に考える

　問題①の1÷□では，わられる数を1に固定して，循環小数の循環節のきまりなどについて調べた。ここで学習を終えず，「わられる数の1を，2，3，4（倍）と変えると，商はどのように変わるのか」「わる数を2倍，3倍，……とすると，商はどのように変わるのか」と発展させるところが，問題②のポイントである。

　たとえば，1÷2＝0.5の計算について，わられる数の1を2，3，4，……と2倍，3倍，4倍，……させると，商も1，1.5，2，……と2倍，3倍，4倍，……となる。また，わる数の2を4，6，8，……と2倍，3倍，4倍，……させると，商は0.25，0.1666…，0.125，……と$\frac{1}{2}$倍，$\frac{1}{3}$倍，$\frac{1}{4}$倍，……となる。このようなわられる数，わる数，商の関係は，循環小数にもあてはまる。

　なかでも，○÷7の計算のきまりは，子どもにとって興味深いであろう。

　　1÷7＝0.142857…　　　2÷7＝0.285714…　　　3÷7＝0.428571…

　　4÷7＝0.571428…　　　5÷7＝0.714285…　　　6÷7＝0.857142…

　これらの計算のきまりは一見とらえにくいが，それぞれの計算を続けていくと，どの計算も循環節が142857…の順になっており，始まりの数が異なるだけであることに気づくであろう。

　この計算のきまりをより発展させるには，たとえば，「1÷7の小数第20位の数は何でしょう」などと問題をつくることができる。循環節は142857なので，この6つの数をひとまとまりとして考えると，20÷6＝3あまり2となるので，小数第20位の数は，循環節の先頭から2つ目の数である「4」となる。このように，この教材は数のきまりを見つけるだけでなく，関数的な見方を育むためにも有効である。

2 展開例

(1) 問題把握①

T　(黒板に 1÷□ とかく)

　　□に数をあてはめると, 答えはいくつになりますか。ただし, 0は入りません。まずは, 好きな数をあてはめて計算してみましょう。答えがわかったら, 隣の子と式と答えを確認してみましょう。

┌─【対話的な学び】────────────────────────────
│　いきなりワークシートを配付し, 個人解決に取り組ませるのではなく, ペアなどの少
│人数で考え合う活動を取り入れる。ここでは, できるだけ多くの式を出させ, 答えがわ
│り切れる場合とわり切れない場合とに分かれることに気づかせることをねらいとする。
│また, 答えを確認する際には, 正しく計算ができているかについても, 友だちどうしで
│確認し, 修正できるようにさせたい。この計算は正しい答えを求めることだけが目的で
│はないため, 子どもの実態に応じて計算機を使ってもよいこととする。
└──────────────────────────────────────

C　簡単な式もあれば, 難しい式もあります。

C　答えがわり切れる式と, わり切れない式があります。

T　答えがわり切れない式もあるのですね。わり切れない式だと答えはわからないのでしょうか。わり切れない式について調べてみましょう。(ワークシート①を配付する)

┌─【主体的な学び】────────────────────────────
│　わり算には, 答えがわり切れる式とわり切れない式があることを, 確認させ, どのよ
│うな場合だとわり切れないのか, 見通しをもって調べることができるようにすることが
│大切である。また, 計算をしていくうちに, 「2の倍数のときはわり切れる」「1÷3＝0.
│3333…のように, わり切れない式でも, 答えはわかる」「わり切れない式はいくつある
│のだろう」「わり切れない式の答えには何かきまりがありそうだ」などの学びへの関心・
│意欲をもち, 「調べてみたい」という主体的な学びにつなげていく。
└──────────────────────────────────────

(2) 個人解決①

C　(同じ数がずっと続く　　「1÷3＝0.333…」「1÷9＝0.111…」など)

C　(途中から同じ数が続く　「1÷6＝0.1666…」「1÷12＝0.08333…」など)

C　(2つの数がずっと続く　「1÷11＝0.0909…」など)

C　(バラバラの数　　　　　「1÷7＝0.142857…」など)

(3) 発表, 話し合い①

T　どのような式と答えになりましたか。

C　式によって，きまりはいろいろありました。

C　1÷7は，きまりがありませんでした。

T　式によって，いろいろなきまりがありますね。しかし，1÷7だけ，なぜきまりがない
　のでしょうか。

C　1÷7もきまりがあると思います。

C　ずっと計算していくと，142857142857…と同じ数が続いていました。

T　よく見つけましたね。わり切れない式にも，おもしろいきまりがありそうですね。

(4)　問題把握②

T　これまでは1をわっていましたが，1をほかの数に変えても同じようにきまりがある
　のか調べてみましょう。（黒板に○÷□とかく）

C　同じようなきまりがありそう。

C　答えは変わるけど，きまりはあると思う。

┌─【深い学び】────────────────────────────────────
│　与えられた計算を解くだけでなく，自分で計算の条件を変えてみることで，計算のき
│まりについてとらえなおすことができる。また学習した内容を活用して発展的に考える
│力の育成が深い学びにつながる。
└──

T　それでは，実際に調べてみましょう。（ワークシート②を配付する）

(5)　個人解決②

C　答えが2倍になる「2÷3＝0.66…」「2÷9＝0.22…」「2÷11＝0.18…」など

C　答えが半分になる「1÷18＝0.0555…」（わる数を2倍する）など

C　始まる数が変わる「2÷7＝0.285714…」「3÷7＝0.428571…」など

(6)　発表, 話し合い②

T　どのようなきまりがありましたか。

C　わられる数を2倍にしたら，答えも2倍になりました。

C　わる数を2倍にしたら，答えは半分になりました。

C　÷7の答えは，どの計算も142857の数が出てくるけど，その順番が変わっていくの
　がおもしろかった。

T　たくさんのおもしろいきまりを見つけましたね。計算は，答えを求めるだけでなく，
　数のいろいろな見方にもつながるのですね。このきまりを使って問題を解決したり，ほ
　かの場合についても考えたりしてみましょう。

53

学 習 指 導 案

学　習　活　動	指導上の留意点（○）と評価（◇）
1. 問題把握① T　1÷□について，数をあてはめて計算してみましょう。 C　（予想を発表する）	○隣どうしで式と答えを確認させる。 ◇わり切れる式とわり切れない式とを区別することができたか。　　＜対話的な学び＞
2. 個人解決① C1　（同じ数が続く　1÷3＝0.33…など） C2　（途中から同じ数が続く　1÷6＝0.166…など） C3　（2つの数が続く　1÷11＝0.0909…など） C4　（ばらばら　1÷7＝0.142857…など）	○ワークシート①を配付する。 ◇計算が正確にでき，答えについてきまりを見いだすことができたか。 ◇きまりを多様に考えようとできたか。 　　　　　　　　　　　　　　＜主体的な学び＞
3. 発表，話し合い① T　どのような式と答えになりましたか。 C　式によってきまりがありました。 C　1÷7は，きまりがありませんでした。 T　1÷7だけ，きまりがないのでしょうか。 C　計算していくと，142857142857…と同じ数が続いていました。 T　わり切れない式にも，おもしろいきまりがありそうですね。	○1÷7の商にもきまりがあることに気づかせ，理解させる。　　　　＜深い学び＞
4. 問題把握② T　1÷□の答えをふまえ○÷□について，きまりがあるか調べてみましょう。 C　（予想を発表する） T　実際に調べてみましょう。	○ワークシート②を配布する。 ○隣どうしで予想を話し合わせる。 ◇計算のきまりを活用して考えようとできたか。　　　　　　　　＜対話的な学び＞
5. 個人解決② C1　（答えが1÷3の倍　2÷3＝0.66…など） C2　（答えが1÷9の半分　1÷18＝0.055…など） C3　（始まる数が変わる　2÷7＝0.285714…など）	○1を2に変えたことは1増やしたのではなく，2倍したこととする。 ◇計算のきまりをとらえなおし，きまりの仕組みについて考えようとできたか。 　　　　　＜主体的な学び・対話的な学び＞
6. 発表，話し合い② T　どのようなきまりがありましたか。 C　わられる数が2倍になると答えも2倍。 C　わる数が2倍になると，答えは半分。 C　÷7は，どの計算も142857の数がでるけど，順番は変わっている。	
7. まとめ，発展 T　おもしろいきまりを見つけましたね。きまりを使ったりほかの場合を考えたりしてみましょう。	○計算の条件を変え，計算のきまりをとらえなおしたり，学習した内容を活用して考えようとしたりさせる。　＜深い学び＞

54

〈ワークシート②〉　4年　　組　　番　名前

月　日　時間目

○÷□について、○と□の中に数をあてはめ、その答えの変わり方を調べましょう。ただし、0は入りません。

○÷□＝

【計算して調べましょう】

〈気づいたこと、わかったことを書きましょう〉

〈ワークシート①〉　4年　　組　　番　名前

月　日　時間目

1÷□について、□の中に数をあてはめ、その答えを調べましょう。ただし、0は入りません。

1÷□＝

【計算して調べましょう】

〈気づいたこと、わかったことを書きましょう〉

4年

5年

6年

5年

1.「面積が18cm² の三角形をつくろう」

実施時期　「三角形の面積」のまとめ

> **問題**
> 点が1cmおきにならんでいます。
> この点と点をつないで，面積が18cm²の三角形をつくりましょう。ただし，点アが必ずちょう点になるようにしましょう。

めあて

主体的な学び　面積が18cm²の三角形を多様につくろうとする。
対話的な学び　友だちのつくり方から自分では思いつかなかった視点を学ぼうとする。
深い学び　新たな視点でさまざまな三角形をつくろうとする。

1 教材について

（1）多様な三角形がつくれ，子どもの意欲を喚起する

　三角形の面積は，（底辺）×（高さ）÷2で求められる。したがって，この問題では，（底辺）×（高さ）が36cm²になるような底辺と高さの組み合わせを考えればよい。

　整数どうしの組み合わせ自体は，1×36，2×18，3×12，4×9，6×6の5つが考えられる。しかし，シートには，縦6cm，横8cmの中に点が1cm間隔でうたれていることから，底辺と高さの組み合わせは6cmと6cmしかない。

　一口（ひとくち）に底辺6cm，高さ6cmの三角形といっても，実は無限に存在する。そこが，この教材のもつおもしろさであり，子どもが主体的に学ぼうとする意欲を喚起するのである。

　まず思いつくのは，角アを直角にした直角二等辺三角形である。この直角二等辺三角形を等しい面積で変形させていく。その際，等辺のうち片方の辺を固定し，固定した辺に含まれない頂点をずらしていくと，実に多くの三角形がつくれることがわかる。

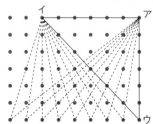 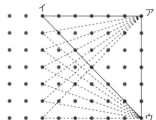

次に，点アを，等角を構成する頂点の1つとした直角二等辺三角形について考えてみる。下のように直角二等辺三角形の頂点ウをずらしてつくっていくと，さきほどと同じ三角形をつくれることがわかる。

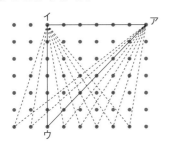
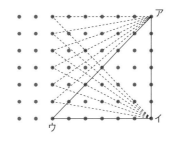

(2) 用いられている性質やきまりを活用できる

等しい面積で三角形を変形できた理由は，底辺に含まれない頂点が底辺と平行な直線上を移動しても，高さは変わらないからである。この性質を活用すると，さきほどつくられた右の三角形アイウの辺アウと平行になる直線イエをひくことで，その直線上の点と辺アウを結ぶ三角形もまた面積が等しいことになる。

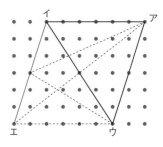

同様の考え方で，下のような三角形もできる。一見，面積を求めることが難しいこれらの三角形も，対話的な学びのなかから気づいていけるような深い学びも期待できる。

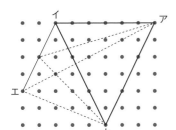
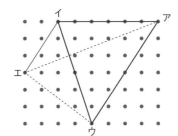
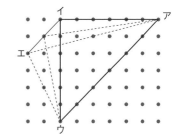

(3) 問題を発展させられるおもしろさがある

よい問題とは，問題を解決していく過程で「ここをこうしたらもっとおもしろくなるぞ」と発展的に考えたくなる問題である。この問題では，「点がうたれていない位置にも点をうったらどうなるだろう」「紙の大きさを大きくする（うたれている点の数を増やす）と，もっとたくさんの三角形がつくれるのでは？」という"問い"ができる。すなわち「今の条件では，つくることができる三角形は無限ではないが，条件を広げることで三角形を無限につくることができる」というのである。

いずれも，答えが多様に存在する問題を解決していく過程で思いつく前向きな発想をもとに発生した"問い"である。このように，問題に主体的にかかわり，発展的に考えることで，学びに向かう力が育まれていくのである。

2 展開例

(1) 問題把握

T　黒板の点は，1cmおきに並んでいると考えます。面積が8cm²の三角形をつくれますか。ただし，頂点は点の上にくるようにします。

C　できます。

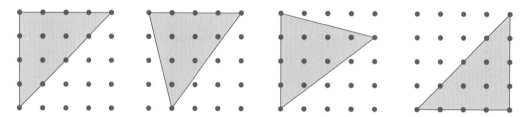

T　同じ8cm²の面積をもつ三角形にも，いろいろな三角形がありますね。三角形の面積を求める公式は（底辺）×（高さ）÷2なので，（底辺）×（高さ）は16cm²になっていますね。それでは，今度は面積が18cm²の三角形をつくりましょう。ただし，点アに必ず頂点がくるようにします。（ワークシートを配付する）

┌─**【主体的な学び】**─────────────────────────┐
│　はじめに簡単な場面で導入することによって，「積が面積の2倍になるような底辺と高さを見つけること」「格子点を利用して直角をつくること」などの見通しをもち，数が大きくなってもできそうだという意欲が生まれて主体的な学びへとつながる。│
└──────────────────────────────────┘

(2) 個人解決

C　（三角形の求積公式から，底辺および高さはともに6cmになることに気づき，条件に合う三角形をつくろうとする）

C　（見つけた18cm²の三角形をもとに，高さにあたる頂点をずらしていき，さまざまな三角形をつくろうとする）

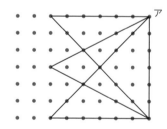

(3) 発表，話し合い

T　それでは，面積が18cm²の三角形のつくり方を発表しましょう。

C　まず点アから6cmの直線をひき，それを底辺としました。あとは，底辺から，6cmの高さにある点を見つけて，底辺とつないで三角形をつくっていきました。

C　点アを直角ではない角の1つをつくる点として直角二等辺三角形をつくりました。あとは，点アではない頂点をずらしていって三角形をつくりました。

T　黒板に，たくさんの三角形が提示されていますが，これらをわかりやすく並べてみましょう。

【対話的な学び・深い学び】

出されたいろいろな三角形を仲間分けすることで，共通の底辺で頂点が底辺と平行に変化している様子を視覚的にとらえることができる。さらには，それを利用して，別の辺の平行線を見つけることで，個人解決では見つけられなかった新しい三角形を発見することが深い学びにつながる。

C 底辺をどこにとったかで仲間分けするとよいと思います。
C 底辺の位置が2か所あって，それぞれ底辺と平行にもう1つの頂点が並んでいます。
C 斜めの直線を底辺にしても，平行線ができることに気づきました。この性質を使えば，ほかにも三角形が見つかりそうです。
C 平行四辺形をつくれば，新しい三角形ができそうです。
T みんなが使っていた面積が等しい三角形のきまりを活用すると，さらに新しい三角形を見つけられそうですね。

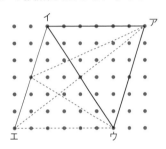

(4) まとめ，発展

T こんなにたくさんの三角形が見つけられておもしろかったですね。でも，もっとほかにも三角形をつくろうと考えている人がいるみたいですよ。
C うってある点を増やしてみました。そうしたら，もっとたくさんの三角形がつくれました。
C 頂点のうちの1つを，シートの点がないところにつくってみました。そうすれば，三角形が無限につくれることに気づいたからです。
C できた三角形から新たに底辺を決めて，残りの頂点から底辺に平行な直線をひきました。その直線上なら，どこを頂点にしてもよいので，三角形はいくらでもつくれます。
T ルールをちょっと変えると，もっと答えが増えて，ますますおもしろくなりますね。

【深い学び】

シートの点にこだわらなければ，無限に三角形をつくることができる。条件を変えて，問題を発展的にとらえることで，さらなる図形をつくり出す喜びを味わうとともに，「底辺と高さが等しければどんな三角形でも面積は等しい」ことを確かな知識として定着させられることも，深い学びの姿である。

学 習 指 導 案

学　　習　　活　　動	指導上の留意点（○）と評価（◇）
1. 問題把握 T　頂点を格子点にくるようにして面積が8cm²の三角形をつくれますか。 C　（黒板の図に面積が8cm²の三角形をかき込む） T　今度はワークシートに，面積が18cm²の三角形をつくりましょう。ただし，点アに必ず頂点がくるようにします。	○黒板に格子点を等間隔でうち，そこに三角形をかかせる。 ○簡単な場合で導入することで，解決の見通しをもてるようにする。 <div align="right">**＜主体的な学び＞**</div>○ワークシートを配付する。
2. 個人解決 C　（36cm²の四角形の半分の直角三角形をつくろうとする） C　（三角形の求積公式から，底辺および高さはともに6cmになることに気づき，条件に合う三角形をつくろうとする）	○作図のイメージがわかない子どもには，ジオボードを渡し，それを使いながら考えさせる。<div align="right">**＜主体的な学び＞**</div>○1つのところに何個もの三角形をかき込もうとしている子どもには，色鉛筆を使って色分けするように助言する。
3. 発表，話し合い T　つくった三角形とそのつくり方を発表しましょう。 　　黒板に貼られているたくさんの三角形をわかりやすく並べる方法はありますか。 C　底辺をどこにとったかで仲間分けするとよいと思います。 C　底辺の位置が2か所あって，それぞれ底辺と平行に頂点が並んでいます。 C　斜めの直線を底辺にしても，平行線ができることに気づきました。この性質を使えば，ほかにも三角形が見つかりそうです。	◇18cm²の三角形を多様に作図できたか。<div align="right">**＜主体的な学び＞**</div>○黒板に，掲示用紙にかかせた三角形を掲示する。 ◇つくり方をわかりやすく説明できたか。 ◇多くの三角形を整理することで，共通性に気づいたか。<div align="right">**＜対話的な学び＞**</div>○平行線に着目することで，新たな三角形に気づくようにする。<div align="right">**＜深い学び＞**</div>
4. まとめ，発展 T　ほかにも三角形をつくろうと考えている人がいます。発表しましょう。 C　うってある点を増やしました。そうしたら，もっとたくさんの三角形ができました。 C　頂点のうちの1つを，シートの点がないところにつくったら，三角形が無限につくれることに気づきました。 C　できた三角形から新たに底辺を決めて，残りの頂点から底辺に平行な直線をひきました。その直線上なら，どこを頂点にしても面積は等しいです。 T　ルールをちょっと変えると，もっと答えが増えて，ますますおもしろくなりますね。	◇作図の条件などを変えて，さらに多様な作図方法を発展的に考えることができたか。<div align="right">**＜深い学び＞**</div>

月　日　時間目

5年　　組　　番　名前＿＿＿＿＿＿

点が 1cm おきにならんでいます。
この点と点をつないで、面積が 18cm² の三角形をつくりましょう。ただし、点アが必ずちょう点になるようにしましょう。

〈気づいたこと、わかったことを書きましょう〉

5年 2.「面積を2等分する直線をひこう」

実施時期　「図形の面積」のまとめ

問題　右の図形の面積を2等分する直線を見つけましょう。

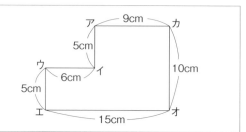

めあて

主体的な学び　面積を2等分する直線を多様に見つけることができる。

対話的な学び　友だちの発表から自分では考えつかなかった面積を2等分する直線の見つけ方に気づくことができる。

深い学び　さらに新しい図形を見つけようとしたり図形どうしの関係を発見したりすることができる。

1 教材について

(1) さまざまな図形がつくれることで，既習の図形を関係づけてみることができる

　この図形の面積は120cm²であり，つまり2等分したときに60cm²ずつになるように直線をひいていけばよいことになる。この問題では，60cm²になる長方形をつくる直線は2本しかひけない。しかし，面積が60cm²の長方形をもとに変形させていくと，面積が60cm²になる三角形や台形をつくる直線は無限に見つけ出すことができる。

　このように，これまでに学習してきた図形の求積をもとに，60cm²になるさまざまな図形をつくることができ，それらの図形を関係づけてみられるところが，この教材のおもしろさである。

(2) 多様な三角形・台形を等積変形によってつくれ，図形を動的にみられる

　面積を2等分する直線を観点ごとに分類すると，次のようになる。

①長方形をつくる直線

　面積を2等分する長方形のつくり方は，右の2通りである。

②三角形をつくる直線

三角形は，辺エオまたは辺オカを底辺にするものが考えられる。そのとき，高さにあたる辺は，辺オカ上または辺エオ上にくる。

③台形をつくる直線の多様性

面積を2等分する台形は，どこに上底・下底をとるかにより，多様性が生まれる。

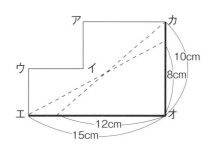

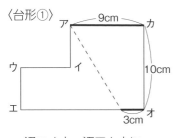

辺エオ上，辺アカ上に
上底・下底をとる

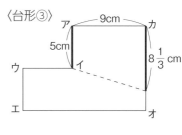

辺オカ上，辺ウエ上に
上底・下底をとる

〈台形③〉

辺オカ上，辺アイ上に
上底・下底をとる

さらには，上底と下底の和が等しい，すなわち上底を短くした分だけ下底を長くしてもよいため，60cm² になる台形が無限に存在することに気づく。

(3) 2等分する直線を重ねると交点が集約でき，図形を統合的に見られる

台形をつくる直線を重ねてみると，上底・下底をどこにとるかによって，それぞれある1点で交わる。また，長方形の場合は，台形①，台形②の上底と下底の長さが等しくなった場合であるため，それぞれの台形と交点が同じになる。同様に，三角形の場合は，台形①，台形②の上底（下底）を0cmと考えたものであることがわかり，それぞれの台形と交点は同じになる。つまり，共通の交点を見いだすことによって，長方形や三角形が台形の特別な場合であるという見方ができ，図形を統合的に見ることができるという深い学びが実現できる。

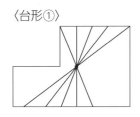

〈台形①〉

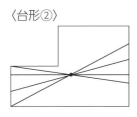

〈台形②〉

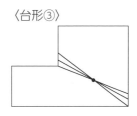

〈台形③〉

無限に存在する直線が集約できることは，驚くべき発見である。このおもしろさを最大限に体感させるうえでも，OHPシートや実物投影機などを利用して，視覚的に訴えたい。

2 展開例

(1) 問題把握

（図をかいた大きめの紙を掲示したり，実物投影機などを使ったりして，子どもたちが課題を十分に理解できるようにする）

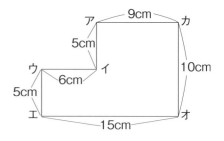

T ここに，長方形を2つ合わせたような図形があります。この図形に，面積を半分にする直線をひきたいと思います。どこにひきますか。

C まず，全体の面積を求めなければいけないと思います。

T 全体の面積を求めてみましょう。

C 15×10－6×5＝120 だから120cm²です。

C 10×9＋6×5＝120　5×9＋5×15＝120 でも求められます。

C 120cm²の半分の面積は60cm²なので，60cm²の長方形をつくるように直線をひけばよいと思います。

---【主体的な学び】---

　半分の面積が60cm²となればよいため，それぞれの面積を考えるのではなく，一方の図形の面積を60cm²になるように考えればよいという見通しをもたせることで，「それならたくさん見つかりそうだ」という意欲が生まれ，主体的な学びへとつながる。

T それでは，面積が60cm²の図形をつくるような直線をひける人はいますか。

C （右図のように直線をひく）
　下から4cmのところに直線をひくと，下にできる長方形は4×15で60cm²になります。

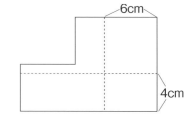

C 右から6cmのところに縦にひいてもできます。
　10×6で60cm²になります。

T このほかにも，もとの図形を半分にする直線はひくことができそうですか。

C できそうです。

T それでは，調べてみましょう。（ワークシートを配付する）

(2) 個人解決

（計算に手間取らないように，電卓を活用させる。分数電卓があれば配付し，使わせる）

C （長方形をつくるためにひいた直線をずらしていき，面積を2等分する直線を見つけようとする）

C　（三角形をつくって，面積を2等分する直線を見つけようとする）

C　（台形をつくって，面積を2等分する直線を見つけようとする）

(3) 発表，話し合い

T　それでは，発表しましょう。

　（ワークシートを実物投影機の上に載せ，画面上で説明しながら発表させる）

T　三角形も台形も，いろいろな形がつくれましたね。

C　たくさんつくれました。

┌─【対話的な学び】──────────────────────────────┐

　見つけた直線を発表し合うことによって，「それならばもっと見つかるかもしれない」
という思いが生まれ，対話的な学びが実現できる。必要に応じてもう一度個人解決の時
間を設けることで，はじめは気づかなかった新しい直線が見つかったことを実感でき，
話し合うことの楽しさを感じることができる。

└──────────────────────────────────────┘

T　つくり方を見て，何か気がつくことはないかな。

C　長方形をつくるようにひいた直線の真ん中の点を中心にずらしていけば，台形がどん
　どんつくれます。

C　台形の場合，片方の辺の長さが1cm長くなるともう一方の辺の長さが1cm短くなり
　ます。上底と下底が同じ長さの台形が，長方形といえます。

C　三角形も上底を0cmと考えれば，(上底＋下底)は台形と同じになっているといえます。

┌─【深い学び】────────────────────────────────┐

　高さが等しい台形では，上底と下底を同じ長さずつ増減するという動的な見方をする
ことによって，「三角形は上底が0となった台形の特殊な形である」という見方が生ま
れる。この見方が，三角形と台形の関係を見直すことにつながる深い学びとなる。

└──────────────────────────────────────┘

(4) まとめ，発展

T　そうですね。この図形を2等分する直線はたくさんあることがわかりますね。では，
　最後に実物投影機で映した画面を見ましょう。

　　（つくっておいたOHPシートを活用して，2等分する直線を重ねていくと3つの交点
　が見えてくることを見せる）

　　それぞれの直線が共通の点で重なっているのがわかりますか。この図形を2等分する
　直線が，共通の点を通るというのはおもしろいですね。

C　小数や分数にしたときも同じようにこの3点のどれかを通るのですか。

T　今度調べてみましょう。

学 習 指 導 案

学　習　活　動	指導上の留意点（〇）と評価（◇）
1.　問題把握 　右の図形の面積を2等分する直線を見つけましょう。 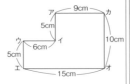 T　どのように見つけますか。 C　面積が半分の長方形をつくるように直線をひけばよいと思います。 T　長方形をつくる直線は何本ありますか。 C　2本です。 T　このほかにもないか，調べてみましょう。 2.　個人解決 C　（長方形をつくるためにひいた直線をずらしていき，面積を2等分する直線を見つけようとする） C　（三角形をつくって，面積を2等分する直線を見つけようとする） C　（台形をつくって，面積を2等分する直線を見つけようとする） 3.　発表，話し合い T　発表しましょう。 T　ひかれた直線を見て，何か気がつくことはありませんか。 C　長方形をつくるようにひいた直線の真ん中の点を中心にずらしていけば，どんどん台形がつくれます。 C　台形の場合，上底と下底の和はもとの長方形の1辺の長さの2倍と同じです。 C　上底を0cmと考えれば，三角形もあてはまります。 4.　まとめ，発展 T　この図形を2等分する直線はたくさんあることがわかりますね。 　　重ねてみると，それぞれの直線が共通の点で重なっているのがわかりますか。この図形を2等分する直線が，共通の点を通るというのはおもしろいですね。 C　小数や分数にしたときも同じようにこの3点のどれかを通るのですか。 T　今度調べてみましょう。	〇黒板に，図をかいた大きめの紙を掲示する。 〇手がかりを共有させるため，長方形をつくるようにひく直線については全体で考え，それ以外のひき方の見通しをもてるようにする。　　　　＜主体的な学び＞ ◇長方形をつくるようにひく直線を見つけることができたか。 〇ワークシートを配付する。 〇机間指導の際に，面積が2等分になっているかを確認し，なっていない子どもには助言をする。 ◇面積を2等分する直線を多様に見つけることができたか。　　＜主体的な学び＞ 〇実物投影機などを用意し，発表内容を視覚的にも理解できるようにする。 ◇いくつもの直線を見て，自分なりに気づくことを見いだし，発表できたか。 　　　　　　　　　　　＜対話的な学び＞ ◇友だちが気づいたことを，発表を聞いて理解することができたか。 　　　　　　　　　　　＜対話的な学び＞ 〇三角形は台形の上底が0のときの特別な場合であるという見方に気づかせ，図形の見方を広げる。　　　　＜深い学び＞ 〇実物投影機などを利用し，面積を2等分する直線を重ねて見せることにより，交点が重なることを視覚的に理解させ，驚きをもたせる。　　　　　＜深い学び＞

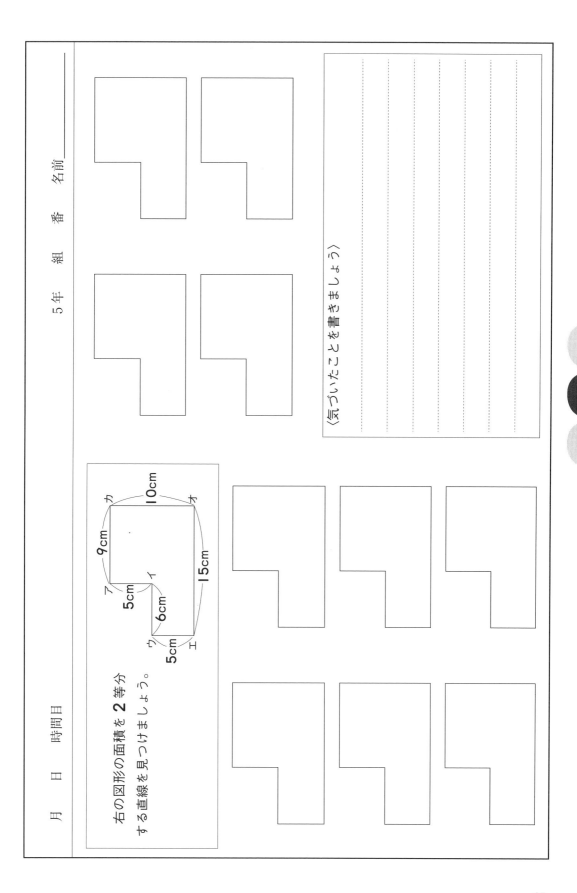

5年 3. 「小数のかけ算のひっ算をつくろう」

実施時期	「小数のかけ算」＜かける数と積の関係＞の前時

問題	右の筆算が成り立つように□に合う数字を入れましょう。 □の中には，0が入ってもかまいません。 　ただし，1つの筆算で，一度使った数字は使ってはいけません。

$$\begin{array}{r} \square\ \square \\ \times\ \square.\square \\ \hline \square.\square \end{array}$$

めあて

主体的な学び 積がかけられる数より小さくなることから，かける数の数を見通しをもって考えていこうとする。

対話的な学び ペアでの話し合いなどを通して，筆算が「できない」場面について，例を挙げながらその理由を筋道立てて説明することができる。

深い学び かける数になりえない小数があることを，論理的に説明することができる。

1 教材について

(1) 小数の出現により，既習のかけ算の概念が崩れるおもしろさを味わえる

　かけ算については，4年生までに，（整数）×（整数）と（小数）×（整数）を学習してきた。その過程で，子どもたちのなかには，「かけ算の答えは，かけられる数より大きくなる」，すなわち「かけられる数＜答え」という概念が形成されてきている。この概念が，本時の学習を通して崩れていく。そこが，この教材のおもしろさである。

　問題の仕組みを整理してみよう。

　かけられる数は，2桁の整数（10以上99以下の整数）である。そして，答えは10未満の小数である。すなわち，「かけられる数＞答え」となる。これは，すでに形成されているかけ算の概念と異なる。ここで，知的混乱が生じる。

　実際には「かけ算の答えは，かけられる数より大きくなる」という概念は，前時までに学習してきた「かける数が小数のかけ算」で本来崩れているはずである。しかし，「かける数が小数のかけ算」では技能の習得に目がいきがちで，形成されている概念との比較にはなかなか目がいかないのが現実である。その点，この教材では□□×□.□＝□.□という式が成立するかを吟味するなかで，これまでに形成してきたかけ算の概念に5年生で学習

した内容を加味し，新たな概念を形成できる。

(2) 順序立てて整理して考えることで，論理的思考力を育成できる

かけられる数より答えを小さくするためには，かける数を1より小さくすればよい。

かける数は，小数第一位と限定されていることから，かける数は，0.1，0.2，0.3，0.4，0.5，0.6，0.7，0.8，0.9のうちのいずれかである。

そこで，かける数にそれぞれの小数をあてはめて調べていく。

まず，かける数に0.1が入るときを考えてみる。この場合，答えにはかけられる数と同じ数字が並ぶことになってしまうため，題意に合わなくなる。そこで，かける数に0.1が入ることはありえないことがわかる。

次に，かける数が0.5のときを考えてみる。かけられる数を偶数にすると，答えの小数第一位に0がきてしまい，題意にそぐわないことになる。奇数のときは，答えの小数第一位に5がきてしまい，やはり題意にそぐわないことになる。したがって，かける数に0.5がくることはない。

次に，かける数が0.9のときを考えてみる。かける数が0.9のかけ算で答えが10未満におさまる2桁のかけられる数は11だけであり，やはり題意にそぐわないことになる。

残りの0.2，0.3，0.4，0.6，0.7，0.8のときを考えてみよう。

<かける数が0.2のとき>
17×0.2=3.4
18×0.2=3.6
19×0.2=3.8
34×0.2=6.8
38×0.2=7.6
39×0.2=7.8
43×0.2=8.6
48×0.2=9.6

<かける数が0.3のとき>
16×0.3=4.8
18×0.3=5.4
19×0.3=5.7
26×0.3=7.8
27×0.3=8.1
29×0.3=8.7

<かける数が0.4のとき>
13×0.4=5.2
17×0.4=6.8
18×0.4=7.2
19×0.4=7.6

<かける数が0.8のとき>
12×0.8=9.6

<かける数が0.7のとき>
12×0.7=8.4
14×0.7=9.8

<かける数が0.6のとき>
13×0.6=7.8

一見複雑に見える問題も，問題の仕組みを順序立てて整理して考えていくと，問題が解明されていく。このように，論理的思考・消去法による思考の楽しさを味わえる点もこの教材のもつおもしろさである。

2 展開例

(1) 問題把握

T □の中に，0から9までの数字を入れて，次の筆算を完成させま
　しょう。ただし，同じ数字を2回以上使ってはいけません。

C できないと思います。

T どうしてできないといえますか。隣の人と説明をし合いましょう。

---【対話的な学び】---

　はじめに整数どうしの筆算を扱うことにより，「ありえない」ということを説明する
ためには，どのように言えばよいのかを練習することができる。ペアなどの少人数で話
し合うことで，具体的な例を挙げながら，ありえないことのより納得できる説明の仕方
に触れ，個人解決でも筋道立てて説明できるようにしていく。

C 最も小さい2桁の数は10ですが，10×10でも答えは100で3桁になります。
　だから，2桁になることはありません。

T なるほど。それでは，こうしたらどうですか。（と言って小数点を書き加える）

C 小数点がついたら見つかるかもしれません。
　（「今度はできる」という確信をもち，それを発表したがる子ども
　がいた場合，クラスの実態に応じてその理由を発表させるとよい）

T それでは，問題に合う式を見つけましょう。（ワークシートを配
　付する）

---【主体的な学び】---

　2桁の整数どうしのかけ算の筆算づくりから導入することによって，成立する筆算が
たくさん存在しそうではあるが，実際にはありえないことを例を用いながら論理的に説
明できることがわかる。この活動を通して，小数になったときの「できる」「できない」
という説明の仕方に見通しをもって，「自分から探してみたい」という意欲が生まれて
主体的な学びへとつながる。

---

(2) 個人解決

C （ランダムに見つけていく）

C （答えがかけられる数より小さくなっていることに着目し，かける数には，0.1から
　0.9までが入ることを見抜き，それぞれの場合について調べる）

(3) 発表，話し合い

T　それでは，見つけた筆算を発表しましょう。

（筆算を書いたカードを黒板に掲示する）

T　どうやって見つけましたか。

C　かける数が1より小さいと，答えはかけられる数よりも小さくなりました。だから，1
より小さい小数第一位までの小数がかける数に入ることがわかります。

C　1より小さい小数第一位までの小数は，0.1から0.9までしかないので，それぞれを順
番に調べました。

T　なるほど。でも，みんなが見つけた筆算を見ると，0.2から0.8になっていて，0.1と
0.9がありませんよ。どうしてないのですか。

C　0.5もありません。

C　0.1をかけると，どんな数でもその10分の1の大きさになるから，数字の並び方は変
わりません。これでは，同じ数字を使うことになるからだめです。

C　0.5の場合，偶数にかけると答えの小数第一位に0がくるからだめです。奇数にかける
と，やはり答えの小数第一位に5がくるからだめです。

C　0.9のときですが，条件に合うものでかけられる数にくる最も小さい数は12です。
12×0.9は10.8となって，答えが10より大きくなってしまうからだめです。

┌─【深い学び】────────────────────────────────┐
│　かける数が0.1，0.5，0.9ではいけない理由を，「同じ数字を使えない」「積が10を
│超えない」などの条件をもとに，子どもなりの言葉で筋道立てて説明できるようになる
│深い学びが実現できる。
└──┘

(4) まとめ，発展

T　それでは，かける数が0.2から順に並べてみましょう。

（黒板にランダムに掲示しておいたカードを，かける数ごとに整理して並び替える）

T　おもしろいな，と思うことを発表しましょう。

C　かける数が小さいほうが大きいほうより筆算がたくさん見つけられておもしろいです。

C　かける数が大きいと答えが大きくなってしまうので，できる筆算は少ないです。

T　いろいろな筆算が見つけられたし，理由も考えられ，楽しい授業になりましたね。

学 習 指 導 案

学　習　活　動	指導上の留意点（○）と評価（◇）
1．問題把握 T　右のような筆算はありえるで 　　しょうか。 C　ありえません。いちばん小さい 　　2桁の数である10どうしでもか 　　け算の答えは100になるからです。 T　それなら，この問題ならどうでしょうか。 　┌─────────────────────┐ 　│　右の筆算が成り立つように 　│□に合う数字を入れましょ 　│う。□の中には，0が入って 　│もかまいません。 　│　ただし，1つの筆算で，一 　│度使った数字は使ってはいけません。 　└─────────────────────┘	○整数どうしの筆算で導入し，「できない」理由を 　隣どうしで話し合わせる。　　＜対話的な学び＞ ◇例を挙げながら筋道を立てて「ありえない」こと 　を説明することができたか。 ○整数どうしでできないことが説明できた経験をも 　とに，小数の場合での説明の仕方に見通しをもて 　るようにする。　　　　　　＜主体的な学び＞
2．個人解決 C　（ランダムに見つけていく） C　（答えがかけられる数より小さくなっているこ 　とに着目し，かける数には0.1から0.9までが入 　ることを見抜き，それぞれの場合について調べる） **3．発表，話し合い** T　見つけた筆算を発表しましょう。また，どうや 　って見つけたかも説明しましょう。 C　かけられる数より答えが小さくなるのですから， 　かける数は1より小さい小数です。 C　1より小さい小数第一位までの小数は，0.1か 　ら0.9までしかないので，順番に調べました。 T　なるほど。みんなで見つけた筆算を見ると，確 　かにかける数は0.2から0.8になっているね。 C　でも0.1と0.5と0.9はありません。 T　どうしてないのですか。 C　0.1をかけると，答えはかけられる数に使われ 　ている数字が並ぶから問題にあてはまりません。 C　0.5の場合，偶数にかけると答えの小数第一位 　に0がくるからだめです。奇数にかけると答えの 　小数第一位に5がくるからやはりだめです。 C　0.9のときですが，条件に合うものでかけられ 　る数にくる最も小さい数は12です。12×0.9＝ 　10.8となって，答えが10より大きくなってしま 　うからだめです。	○ワークシートを配付する。 ◇問題の意味を理解し，あてはまる式を多様に見つ 　けることができたか。　　　＜主体的な学び＞ ◇あてはまる式を見いだす過程で，かける数には0.1， 　0.5，0.9が入らないことに気づくことができたか。 　　　　　　　　　　　　　　＜深い学び＞ ○発表された式を黒板に掲示する。 ◇自分の見つけ方を，根拠をもとに説明できたか。 　　　　　　　　　　　　　　＜主体的な学び＞ ◇友だちの発表を聞いて，内容を理解し，筆算の簡 　単な見つけ方に気づくことができたか。 　　　　　　　　　　　　　　＜対話的な学び＞ ◇かける数には0.1，0.5，0.9がなぜ入らないかを， 　例を挙げながら根拠をもって説明できたか。 　　　　　　　　　　　　　　＜深い学び＞
4．まとめ，発展 T　それでは，かける数を0.2から順に整理して並 　べてみましょう。 C　かける数が小さいほうが大きいほうよりも筆算 　がたくさん見つけられておもしろかったです。 T　いろいろな筆算が見つけられたし，理由も考え 　られて，楽しい授業になりましたね。	○黒板にランダムに掲示しておいたカードをかける 　数ごとに整理して並べ替えることによって，でき 　る式の特徴を発見することができたか。 　　　　　　　　　　　　　　＜深い学び＞

月　日　時間目

5年　組　番　名前＿＿＿＿＿

右の筆算が成り立つように□に合う
数字を入れましょう。□の中には、0が
入ってもかまいません。
ただし、1つの筆算で、一度使った
数字は使ってはいけません。

〈気づいたこと、わかったことを書きましょう〉

4年

5年

6年

5年 4.「合同な三角形を作図するには？」

| 実施時期 | 「合同な三角形のかき方」の導入 |

> **問題**
> 右の三角形と合同な三角形をかこうと思います。
> 何か所の辺の長さや角の大きさがわかれば、かけますか。
> また、どこの辺の長さや角の大きさがわかれば、合同な三角形がかけるでしょうか。辺や角の組み合わせをかきましょう。

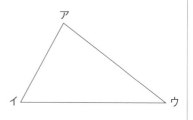

めあて

主体的な学び 合同な三角形の作図に必要な条件の数を主体的に考えることができる。

対話的な学び 話し合いや観察する活動を通して、合同な三角形を作図するのに必要な多様な条件に気づくことができる。

深い学び 合同な三角形を作図するのに必要な条件は「3辺」「2辺挟角」「2角挟辺」の3タイプに分類できることに気づくことができる。

1 教材について

(1) 作図に最低限必要な条件の数を，フリーハンドで考えることで，解決の見通しをもてるというよさを味わえる

　三角形を構成する条件には，3つの辺，3つの角という6つの条件がある。6つの条件すべてがわかっていれば当然合同な三角形は作図できる。しかし，それではおもしろさはない。より少ない条件で作図しようと考えていくことにより，「3つの条件がわかれば作図できる」という結論に達する。このように自然と能率的・合理的に考える楽しさを感得できるところが，この教材のポイントである。

　実は，このプロセスではもう1つポイントがある。この教材では，実際に正確に作図しながら考えるのではなく，フリーハンドで調べながら考えていく。今までの学習で作図というと「正確さ」が求められた。しかし，実生活では，正確に作図をしていては考えながら調べることはできない。考えながら調べるときには，考えながら調べる方法，すなわちフリーハンドが駆使できるようになっていなければならない。本時は，このフリーハンドを駆使して考えながら調べる活動を経験し，会得する。ここもこの教材のポイントである。

(2) 合同な三角形の作図に必要な条件を多様に考えることができる

合同な三角形を作図するには3つの条件があれば作図できることにたどりついたあと，具体的にどの3条件がわかれば作図できるかを考える。ここでは，次の7通りが考えられる。

①辺アイ，辺イウ，辺アウ　②辺アイ，辺アウ，角ア
③辺アイ，辺イウ，角イ　　④辺アウ，辺イウ，角ウ
⑤辺アイ，角ア，角イ　　　⑥辺イウ，角イ，角ウ
⑦辺アウ，角ア，角ウ

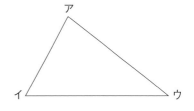

このように，単に合同な三角形を作図するだけではなく，作図に必要な多様な3条件を考えるところがこの教材のポイントである。

なお，合同な三角形を作図するこの7通りの必要条件も，フリーハンドにより考えたあとに実際に作図をして検証する。

(3) 多様な考えについて，観点を決めて分類・整理する力を育成できる

合同な三角形が作図できる条件は，前述の通り全部で7通り考えられる。この7通りを本時の後半では観点を設定して次のように分類する。

＜3辺すべての長さ＞
　①辺アイ，辺イウ，辺アウ
＜2辺の長さとその間の角の大きさ＞
　②辺アイ，辺アウ，角ア　　③辺アイ，辺イウ，角イ　　④辺アウ，辺イウ，角ウ
＜2角の大きさとその間の辺の長さ＞
　⑤辺アイ，角ア，角イ　　　⑥辺イウ，角イ，角ウ　　　⑦辺アウ，角ア，角ウ

このように，多様にあるものを観察することにより共通要素に着目し，その観点ごとに分類・整理する力は，日常生活においてよく求められ使われる力である。この力を育成できることも，この教材のポイントである。

ちなみに，3条件でいうと，上記のほかに（ア）「3つの角の大きさ」，（イ）「2辺とその間ではない角の大きさ」，（ウ）「2角とその間ではない辺の長さ」という組み合わせが考えられる。（ア）はそもそも作図ができない。（イ）はコンパスを用いて作図をすると2通りの三角形ができてしまうため，三角形が一意に決まらない。（ウ）は三角形の内角の和が一定のために実は残りの1角も決まって＜2角挟辺＞となり三角形が一意に決まる。内角の和の学習がすでに終わっていれば＜2角挟辺＞に統合していけばよいが，未習の場合は2角とその間ではない角の大きさで作図をするのは難しく，子どもからは出づらいであろう。

2 展開例

(1) 問題把握

T　三角形アイウと合同な三角形を作図しようと思います。そのためには，何か所かの辺の長さや角の大きさがわからないと作図できません。

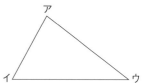

　何か所の辺の長さ，または角の大きさが必要でしょうか。まずはフリーハンドでかいて考えましょう。(ワークシートを配付し，数分考える時間を確保する)

C　3か所わかれば作図できます。

T　少ない箇所で作図できたほうがいいですよね。3か所で作図するには，どの3か所の辺の長さや角の大きさがわかれば作図できるかを考えます。ワークシートにかかれた三角形の，必要な辺や角のところに印をつけましょう。

> 【主体的な学び】
> 　本時では，合同な三角形の作図に必要な条件を，いきなり正確な作図を通して調べるのではなく，まずはフリーハンドで考える。そうすることで，子どもに考える意欲をもたせ，楽しさを味わわせる主体的な学びを生むのである。

(2) 個人解決

C1 (辺アイ，辺イウ，辺アウ)　　C2 (辺アイ，辺アウ，角ア)　　C3 (辺アイ，辺イウ，角イ)

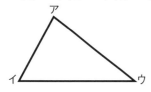 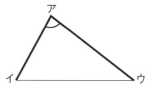 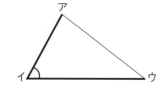

C4 (辺アウ，辺イウ，角ウ)　　C5 (辺アイ，角ア，角イ)　　C6 (辺イウ，角イ，角ウ)

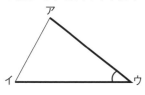 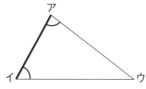 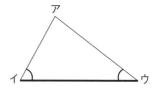

C7 (辺アウ，角ア，角ウ)　　C8 (辺アウ，辺イウ，角イ)　　C9 (角ア，角イ，角ウ)

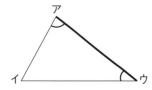 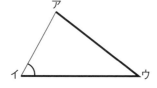 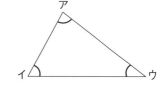

(3) 発表，話し合い

T 発表しましょう。（黒板に掲示した三角形に印をつけて発表させる）
  意見や質問はありますか。

C C8ですが，右図のように辺イウをかいて角イにあたる
  直線をひいたあと，点ウから辺アウの長さをコンパスで探
  すと，2か所で交わってしまうので，必ず合同な三角形が
  かけるとはいえないと思います。

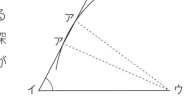

C C9ですが，辺の長さがわからないとかけないと思います。

【対話的な学び】

さまざまな考えを発表し，検討する対話的な学びのなかで，自分では気づかなかった考えに触れ，より一般的な解を見つけ出すことができる。C8のような考えはすべての子どもには気づけないからこそ，学び合いのよさを感じられる場面である。

T それでは，実際に作図をしてみましょう。（方眼紙を数枚配付し，C1からC9の方法で作図を試みる。C8，C9についても作図できないことを実体験をもとに理解させる）

(4) まとめ，発展

C C1からC7までのかき方では，合同な三角形を作図することができました。
C C8のかき方では合同ではない三角形も作図できてしまいました。
C C9のかき方では辺の長さがどれもわからないので，作図のしようがありません。
T C1からC7の作図の仕方をいくつかのタイプに分類することはできませんか。
C C2，C3，C4は，2つの辺の長さとその間の角の大きさを使うので，同じタイプです。
C C5，C6，C7は，2つの角の大きさとその間の辺の長さを使うので，同じタイプです。
C C1は，3つの辺の長さだけを使うので，別のタイプになります。
T 合同な三角形の作図に必要な条件は，3つのタイプがあることがわかりましたね。

【深い学び】

さまざまな作図の仕方を比較することにより，同じ「2辺挟角」でも3通りのかき方があることに気づく。このような深い学びによって獲得した知識は，その後，合同な四角形などの作図を考えるときにも，発展的に活用できるものとなる。

学　習　指　導　案

学　習　活　動	指導上の留意点（○）と評価（◇）
1. 問題把握 　右の三角形と合同な三角形をかこうと思います。何か所の辺の長さや角の大きさがわかれば、かけますか。 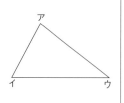 　また、どこの辺の長さや角の大きさがわかれば、合同な三角形がかけるでしょうか。辺や角の組み合わせをかきましょう。 2. 個人解決 C1　（辺アイ，辺イウ，辺アウ） C2　（辺アイ，辺アウ，角ア） C3　（辺アイ，辺イウ，角イ） C4　（辺アウ，辺イウ，角ウ） C5　（辺アイ，角ア，角イ） C6　（辺イウ，角イ，角ウ） C7　（辺アウ，角ア，角ウ） C8　（辺アウ，辺イウ，角イ） C9　（角ア，角イ，角ウ） 3. 発表，話し合い C　C8は三角形が2つかけてしまうので合同な三角形が作図できるとはいえません。 C　C9は辺の長さがわからずかけません。 T　それでは、実際に作図をしてみましょう。 4. まとめ，発展 T　どうでしたか。 C　C1からC7までのかき方では、合同な三角形を作図することができました。 T　C1からC7までの作図の仕方をいくつかのタイプに分類することができますか。 C　C2, C3, C4は2つの辺の長さとその間の角の大きさを使うので、同じタイプです。 C　C5, C6, C7は、2つの角の大きさとその間の辺の長さを使うので同じです。 C　C1は、3つの辺の長さだけを使うので、別のタイプになります。 T　合同な三角形の作図に必要な条件は、3つのタイプがあることがわかりましたね。今度は四角形について考えてみましょう。	○ワークシートを配付する。 ○何か所の条件がわかれば合同な三角形をかけそうかの予想を立てさせ、フリーハンドによって合同な三角形を作図するのに必要な条件の数を考える。 <主体的な学び> ○ワークシート上の三角形に、必要な条件を赤鉛筆でなぞらせる。 <主体的な学び> ◇合同な三角形を作図するのに必要な条件を多様に考えることができたか。 <主体的な学び> ○黒板に掲示した三角形に印をつけて発表させる。　　　　　<対話的な学び> ◇C8, C9については、合同な三角形が作図できない理由を説明できたか。 <対話的な学び> ○方眼紙を数枚配付し、C1〜C9の方法で作図を試みるとともに、C8, C9で作図ができないことを体験させる。 ○黒板に掲示した作図方法の図を移動させながら、分類の仕方を話し合う。 <対話的な学び・深い学び> ◇自分なりの言葉で分類の説明ができたか。 ◇合同な三角形の作図の必要条件について理解し、「3辺」「2辺挟角」「2角挟辺」の3つに分類できたか。　　<深い学び>

月　日　時間目　　　　　5年　　組　　番　　名前＿＿＿＿＿

右の三角形と合同な三角形をかこうと思います。何か所かの辺の長さや角の大きさがわかれば、かけますか。また、どこの辺の長さや角の大きさがわかれば、合同な三角形がかけるでしょうか。辺や角の組み合わせをかきましょう。

【合同な三角形を作図するのに必要だと思われる条件（辺の長さ、角の大きさ）に赤えん筆で印をつけましょう】

〈調べてみて気がついたことをかきましょう〉

〈まとめを書きましょう〉

5年

5.「$\dfrac{1}{3} - \dfrac{1}{\square} = \dfrac{\bigcirc}{\triangle}$ にあてはまる数は?」

実施時期　「分数のひき算」のまとめ

問題

下の式の□，○，△に0以外の整数を入れて，正しい式をつくりましょう。
ただし，□，○，△には同じ数は入らず，$\dfrac{\bigcirc}{\triangle}$ は約分できない分数です。

$$\frac{1}{3} - \frac{1}{\square} = \frac{\bigcirc}{\triangle}$$

めあて

主体的な学び　□，○，△にあてはまる数を考え，答えが $\dfrac{\bigcirc}{\triangle}$ になる式を多様につくることができる。

対話的な学び　発表された式の分類・整理をし，□，○，△の間に成立するきまりを見つけることができる。

深い学び　見いだした□，○，△の間に成立するきまりの根拠を考えることができる。

1 教材について

(1) 多様な式を見つける楽しさを味わいながら計算力も高めることができる

　この教材は，成立する式が多様に存在するオープンエンドの問題である。子どもたちは，まず□の中に4以上の数をランダムに入れていき，成立する式を次々と見つけていく。この活動自体は，計算力さえ身についていればそれほどの困難さはない。それだけに，子どもたちは次々と式を見つける楽しさを満喫できる。

　正しく計算処理ができる力を定着させることは，算数の目標の1つである。その方法として，一般的にはドリルやプリントを使ってひたすら計算練習させる指導がよく見られる。しかし，低学年ならともかく高学年ともなるとそのような単純なやらされる計算練習を「楽しい」と感じる子どもは少ない。その点，この教材では，式を多様に見つける過程で，自然と計算練習を積み重ねるため，楽しみながら計算力を高めることができる。

（2）多様な式を検討する段階で，きまりを見つけるおもしろさを味わえる

まず，式を成立させるためには，□の中に2と3は入らないことがわかる。そのうえで，成立する式を挙げさせてみる。すると，□，○，△の間にいくつかのきまりを見つけることができる。

・□の中には，3の倍数は入らない。

・○の中には，□−3の答えが入る。

・△の中には，□×3の答えが入る。

・○，△は□で表せるので，

$$\frac{1}{3} - \frac{1}{\square} = \frac{\bigcirc}{\triangle}$$

という式は，下記の式で表される。

$$\frac{1}{3} - \frac{1}{\square} = \frac{\square - 3}{\square \times 3}$$

$$\frac{1}{3} - \frac{1}{4} = \frac{1}{12} \qquad \frac{1}{3} - \frac{1}{5} = \frac{2}{15}$$

$$\frac{1}{3} - \frac{1}{7} = \frac{4}{21} \qquad \frac{1}{3} - \frac{1}{8} = \frac{5}{24}$$

$$\frac{1}{3} - \frac{1}{10} = \frac{7}{30} \qquad \frac{1}{3} - \frac{1}{11} = \frac{8}{33}$$

$$\frac{1}{3} - \frac{1}{13} = \frac{10}{39} \qquad \frac{1}{3} - \frac{1}{14} = \frac{11}{42}$$

きまりが見つかれば答え（成り立つ式）はいくらでも無限に見つけることができることにも，子どもたちはおもしろさ・楽しさを感じる。

（3）問題を発展させるおもしろさにつなげることができる

この教材では，ひかれる数の$\frac{1}{3}$をほかの分数に変えることにより，問題を発展させることができる。まずは，$\frac{1}{3}$をほかの単位分数に変えてみると次のようになる。

$$\frac{1}{4} - \frac{1}{5} = \frac{1}{20} \qquad \frac{1}{4} - \frac{1}{7} = \frac{3}{28} \qquad \frac{1}{4} - \frac{1}{9} = \frac{5}{36}$$

$$\frac{1}{5} - \frac{1}{6} = \frac{1}{30} \qquad \frac{1}{5} - \frac{1}{7} = \frac{2}{35} \qquad \frac{1}{5} - \frac{1}{8} = \frac{3}{40}$$

この結果から，ひかれる数を$\frac{1}{\diamondsuit}$とすると，$\frac{1}{\diamondsuit} - \frac{1}{\square} = \frac{\square - \diamondsuit}{\square \times \diamondsuit}$とまとめられる。

次に，ひかれる数とひく数の分子を1以外の数にしてみると，次のようになる。

$$\frac{2}{3} - \frac{2}{5} = \frac{4}{15} \qquad \frac{3}{4} - \frac{3}{7} = \frac{9}{28} \qquad \frac{2}{5} - \frac{2}{7} = \frac{4}{35} \qquad \frac{3}{5} - \frac{3}{8} = \frac{9}{40}$$

$$\frac{4}{5} - \frac{4}{9} = \frac{16}{45} \qquad \frac{5}{6} - \frac{5}{11} = \frac{25}{66} \qquad \frac{2}{7} - \frac{2}{9} = \frac{4}{63} \qquad \frac{3}{7} - \frac{3}{10} = \frac{9}{70}$$

$$\frac{4}{7} - \frac{4}{11} = \frac{16}{77} \qquad \frac{5}{7} - \frac{5}{12} = \frac{25}{84} \qquad \frac{5}{8} - \frac{5}{13} = \frac{25}{104} \qquad \frac{4}{9} - \frac{4}{13} = \frac{16}{117}$$

こうしてみると，究極的な一般式$\frac{\bigstar}{\diamondsuit} - \frac{\bigstar}{\square} = \frac{\bigstar \times (\square - \diamondsuit)}{\square \times \diamondsuit}$を見つけられる。

このように，問題を発展させることによって，一般式がどんどんグレードアップして最終形までたどり着けるところも，この教材のもつおもしろさである。

2 展開例

(1) 問題把握

T （黒板に「$\frac{1}{3}-\frac{1}{\Box}=\frac{\bigcirc}{\triangle}$」と板書して）□，○，△に0以外の整数を入れて，成り立つ式を見つけましょう。ただし，□，○，△には同じ数は入りません。また，$\frac{\bigcirc}{\triangle}$は約分できない分数とします。

　　□の中に絶対に入らない数はあるでしょうか。

C　1，2，3は入りません。

T　なぜですか。

C　1や2を入れると，ひかれる数よりひく数のほうが大きくなるからです。

C　3を入れると，答えが0になってしまうから，3もだめです。

T　それでは，□に4以上の整数を入れて，「$\frac{1}{3}-\frac{1}{\Box}=\frac{\bigcirc}{\triangle}$」が成り立つ式を見つけましょう。（ワークシートを配付する）

【主体的な学び】

　　□に入らない数を全体で確認することで，見通しをもって個人解決に入ることができる。また，小さな数から順に入れていこうという視点をもちやすくなり，たくさんの式をつくろうとする意欲が高まることで，主体的な学びとなる。

---

(2) 個人解決

C　（□にランダムに数を入れていき，成り立つ式を見つける）

C　（□に4，5，……と順に数を入れていき，成り立つ式を見つける）

C　（□に4，5，……と順に数を入れていき，成り立つ式をいくつか見つけたあと，きまりに気づいて，気づいたきまりを利用してどんどん式を見つけていく）

(3) 発表，話し合い

T　（個人解決のなかで，□や○，△の中に数を書き込めば問題の式になるカードを用意しておき，数名の子どもに書き込ませ黒板に掲示させていく）

　　（ランダムに掲示された式に注目させて）たくさん見つけましたね。うまく整理できるでしょうか。（いろいろな式を整理しようとする思いをもたせる）

C　□に入る数を4から順に並べるといいと思います。（並び替える）

T　並び替えてみて，気づいたことはありますか。

C　□に入る数に3の倍数がありません。

T　どうしてかな。

C　3の倍数を入れると，□と△に同じ数が入ったり，$\frac{\bigcirc}{\triangle}$が約分できる分数になったりす

82

るからだと思います。

T　ほかに気づいたことはありますか。

C　○の中には，□－3の答えが入ります。

C　△の中には，3×□の答えが入ります。

T　どうしてですか。

C　3と□に入る数の間には1以外の公約数がないので，答えの分母である△は□×3の答えになると思います。

C　△の中には，□×3の答えが入るということは，通分したあとにひかれる数の分子は1×□で□，ひく数の分子は1×3で3なので，○は□－3と同じになります。

┌─【対話的な学び】────────────────────────────
│　気づいたことの理由をすぐに発表させるのではなく，ペアやグループで確かめ合う時間を設けることにより，一人ひとりが自分の言葉で説明しようとしたり，よりわかりやすい説明に気づいたりする対話的な学びとなる。
└──────────────────────────────────────

(4) まとめ，発展

T　それでは，「$\dfrac{1}{3}-\dfrac{1}{□}=\dfrac{○}{△}$」の○と△を，□で表してみましょう。

C　$\dfrac{1}{3}-\dfrac{1}{□}=\dfrac{□-3}{□\times3}$ になります。

T　この式が見つかると，あとは□に数をあてはめていけば，どんどん式を見つけることができますね。

T　「$\dfrac{1}{3}-\dfrac{1}{□}=\dfrac{○}{△}$」の「3」をほかの数に変えたらどうなりますか。グループで考えてみましょう。

┌─【深い学び】─────────────────────────────
│　問題を発展させることで，見つけたきまりがより一般化されてくる。はじめは教師が発展させる発問をしていくが，次第に子どもたちが自ら問題を発展させて考えていきたいと言うようになる。
│　この教材は，分子の数を発展させると，さらに深い学びを経験することができる。
└──────────────────────────────────────

学 習 指 導 案

学　習　活　動	指導上の留意点（〇）と評価（◇）
1. 問題把握 　下の式の□，〇，△に0以外の整数を入れて，正しい式をつくりましょう。 　ただし，□，〇，△には同じ数は入らず，$\frac{〇}{△}$は約分できない分数です。 $$\frac{1}{3} - \frac{1}{□} = \frac{〇}{△}$$	〇□の中に1，2，3は入らないことを説明させ，共通理解させる。 〇ワークシートを配付する。
2. 個人解決 C　（□にランダムに数を入れていき，成り立つ式を見つける） C　（□に4，5，……と順に数を入れていき，成り立つ式を見つける） C　（□に4，5，……と順に数を入れていき，成り立つ式を見つけたあときまりに気づき，それを利用してさらに式を見つけていく）	◇多様な式を見つけることができたか。 ＜主体的な学び＞ ◇きまりを見つけようとすることができたか。 ＜主体的な学び＞ 〇カードを用意して数名の子どもに書き込ませ黒板に掲示させていく。
3. 発表，話し合い T　うまく整理できるでしょうか。 C　□に入る数を4から順に並べるといいと思います。（並び替える） T　気づいたことはありますか。 C　□に入る数に3の倍数がありません。 C　〇の中には，□−3の答えが入ります。 C　△の中には，3×□の答えが入ります。 **4. まとめ，発展** T　それでは，「$\frac{1}{3} - \frac{1}{□} = \frac{〇}{△}$」の〇と△を，□で表してみましょう。 C　$\frac{1}{3} - \frac{1}{□} = \frac{□-3}{□×3}$になります。 T　この式が見つかると，あとは□に数をあてはめていけば，どんどん式を見つけることができますね。 　「$\frac{1}{3} - \frac{1}{□} = \frac{〇}{△}$」の「3」をほかの数に変えたらどうなりますか。グループで考えてみましょう。	〇ランダムに掲示された式に注目させる。 ◇いろいろな式を整理して，気づくことを見いだそうとすることができたか。 〇気づいたことに対して「なぜ」を問いかけ，隣どうしなどで考え合わせる。 ＜対話的な学び＞ ◇「なぜか」を考え，説明することができたか。 ◇□を使っただけの式に表すことができたか。 ◇学習を発展させて問題づくりができたか。 ＜深い学び＞ ◇つくった問題をグループで考え合うことができたか。 ＜対話的な学び・深い学び＞

84

月　日　時間目　　　　　　　　　5年　組　番　名前＿＿＿＿

下の式の□, ○, △に 0 以外の整数を入れて、正しい式をつくりましょう。
ただし、□, ○, △には同じ数は入らず、$\dfrac{○}{△}$は約分できない分数です。

$$\dfrac{1}{3} - \dfrac{1}{□} = \dfrac{○}{△}$$

【つくった式を書きましょう】

$\dfrac{1}{3} - \dfrac{1}{\quad} = \dfrac{\quad}{\quad}$　　　$\dfrac{1}{3} - \dfrac{1}{\quad} = \dfrac{\quad}{\quad}$

$\dfrac{1}{3} - \dfrac{1}{\quad} = \dfrac{\quad}{\quad}$　　　$\dfrac{1}{3} - \dfrac{1}{\quad} = \dfrac{\quad}{\quad}$

$\dfrac{1}{3} - \dfrac{1}{\quad} = \dfrac{\quad}{\quad}$　　　$\dfrac{1}{3} - \dfrac{1}{\quad} = \dfrac{\quad}{\quad}$

$\dfrac{1}{3} - \dfrac{1}{\quad} = \dfrac{\quad}{\quad}$　　　$\dfrac{1}{3} - \dfrac{1}{\quad} = \dfrac{\quad}{\quad}$

$\dfrac{1}{3} - \dfrac{1}{\quad} = \dfrac{\quad}{\quad}$　　　$\dfrac{1}{3} - \dfrac{1}{\quad} = \dfrac{\quad}{\quad}$

$\dfrac{1}{3} - \dfrac{1}{\quad} = \dfrac{\quad}{\quad}$　　　$\dfrac{1}{3} - \dfrac{1}{\quad} = \dfrac{\quad}{\quad}$

〈気づいたことを書きましょう〉

【問題をつくりかえてみましょう。そのときの□, ○, △に入る数を調べて、きまりの式を書きましょう】

$\dfrac{1}{\quad} - \dfrac{1}{\quad} = \dfrac{\quad}{\quad}$

$\dfrac{1}{\quad} - \dfrac{1}{\quad} = \dfrac{\quad}{\quad}$

$\dfrac{1}{\quad} - \dfrac{1}{\quad} = \dfrac{\quad}{\quad}$

$\dfrac{1}{\quad} - \dfrac{1}{\quad} = \dfrac{\quad}{\quad}$

〈きまりの式を書きましょう〉

4年　5年　6年

5年 6.「プログラミングで正多角形をつくろう」

| 実施時期 | 「正多角形」のまとめ |

【問題1】
フリープログラミングソフト「Scratch」を使い，①「ペンを下す（直線をひく準備）」②「□度回す（向きを変える）」③「100歩動かす（直線をひく）」④「□回繰り返す」として，いろいろな正多角形をつくりましょう。

向きを変えた角度

【問題2】
「Scratch」を使い，①「ペンを下す（直線をひく準備）」②「□度回す（正多角形の1つの角の大きさ分だけ向きを変える）」③「100歩動かす（直線をひく）」④「□回繰り返す」とすることで，どのような図形ができるでしょうか。

正多角形の1つの角度

※「Scratch」はMITメディアラボの生涯幼稚園グループによって開発されました。https://scratch.mit.edu/ を参照してください。

めあて

主体的な学び	「直線をひく」「向きを変える」ことの繰り返しで，さまざまな正多角形をつくろうとする。
対話的な学び	話し合いのなかで「向きを変える」角度の意味を解釈し，図形づくりに生かすことができる。
深い学び	変える向きの角度を変更することで，正多角形ではないさまざまな図形をつくったり，さらにはつくり方の仕組みを考えたりすることができる。

1 教材について

(1) パターンに気づくことで，主体的にいくつもの正多角形をつくることができる

2020年完全実施されるプログラミング学習。学習指導要領の「内容の取扱い」では，その例示として，5学年の正多角形の作図を行う学習が示された。

辺の長さがaの正n角形を作図するためには，「長さaの直線をひく」「向きを360／n度変える」というプログラムをn回繰り返す。

　　正三角形…「長さaの直線をひく」「向きを120度変える」を3回繰り返す
　　正四角形（正方形）…「長さaの直線をひく」「向きを90度変える」を4回繰り返す
　　正五角形…「長さaの直線をひく」「向きを72度変える」を5回繰り返す
　　正六角形…「長さaの直線をひく」「向きを60度変える」を6回繰り返す　　など。

これは，nが360の約数であれば，角度を整数値でプログラミングすることができるので，いくつもの正多角形づくりを楽しむことができる。また，角度を分数でプログラミングできれば，任意の正n角形を容易につくることができ，「もっとやってみたい」という意欲につながる。

(2) 想定と違う図形ができたときに，問いが生まれ，対話的な学びにつながる

一般的なプログラミングでは，直線の向きを変えるための角度は，はじめに直線をひいた向きに対する角度であり，それはいわゆる「外角」にあたる。

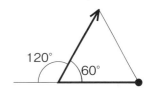

たとえば右図の正三角形は1つの角が60度であるが，直線の向きは120度回っている。しかし，外角は中学校で学習する内容であり，5年生の子どもにはそのような概念はない。つまり，多くの子どもは，正多角形の1つの角（内角）の大きさを用いてプログラミングをしようとする。

正四角形（正方形）は，内角も外角も90度であるから，「長さaの直線をひく」「向きを90度変える」を4回繰り返せばできる。しかし，正三角形では，「向きを60度変える」を3回繰り返すと正六角形の半分ができてしまう。また，正六角形をつくろうとして「向きを120度変える」を6回繰り返すと，正三角形ができてしまう。この，想定していた図形とは違う図形ができてしまうところで問いが生まれる。そして，「□度向きを変える」というプログラムの意味を，グループや全体で話し合いながら解釈していくのである。

(3) 活動の過程で新たな発見があり，学びが深まる

正五角形では，108度ではなく72度向きを変えなければならない。間違えて内角を利用し「向きを108度変えて5本の直線をひく」とどのような図形ができるだろうか。実は，右の（ア）ようになる。正多角形にはならないが，もっと繰り返すと何か形をなしそうな感じがする。直線の数を10本にして，「向きを108度変えて10本の直線をひく」ようにプログラミングしてみると，右の（イ）のような星形ができあがる。これは，正多角形をつくろうとしていた子どもたちにとっては驚きである。

同じように，正多角形の内角の大きさだけ向きを変えて，何回か繰り返すと，さまざまな星形ができてくるのである。以下に挙げたのは，向きを変えた角度と直線の本数である。

（135度 8本）　（140度 18本）　（144度 5本）　（150度 12本）　（160度 9本）

ちなみに，直線の本数は，向きを変えた角度の数値と360の最大公約数で360をわった商である。（図（イ）の場合，108と360の最大公約数は36なので，360÷36＝10で10本）

2 展開例

(1) 問題把握

T 今日は, フリープログラミングソフト「Scratch」を使って正多角形をつくります。(使い方を説明)
①「ペンを下す (直線をひく準備)」②「90度回す (向きを変える)」③「100歩動かす (直線を引く)」④「4回繰り返す」とすると, 正方形がつくれます。同じように, 正三角形をつくるには, どのように組み合わせたらよいでしょう。

C ①「ペンを下す (直線をひく準備)」②「60度回す (向きを変える)」③「100歩動かす (直線を引く)」④「3回繰り返す」とすればよいと思います。

T では, そのようにプログラミングしてつくってみましょう。

C 正三角形はできずに, 正六角形の半分になってしまいました。

T どうして, ①「ペンを下す (直線をひく準備)」②「60度回す (向きを変える)」③「100歩動かす (直線を引く)」④「3回繰り返す」の指示では正三角形ができなかったのでしょう。近くの人と相談してみましょう。

【対話的な学び】

「60度回せば (向きを変えれば) できる」と自信をもって取り組んだ結果, できなかった。「なぜだろう」と問いが生まれた瞬間に, 子どもは自然と相談をしたくなる。ペアや小集団による話し合いにも, 形式的に行うのではなく,「相談したい」という目的意識が大切である。実際に友だちに歩いてもらい,「向きを変える」ことを実感させてもよい。

C まっすぐ進もうとしているから, まっすぐの方向に対して120度向きを変えています。

C 実際にパソコンで120度にしてみたら, 正三角形ができました。

T 向きを変える角度は, 図形の角の大きさではなくて, 延長線からの角度なのですね。それは, どのように求められますか。

C 180度から図形の角の大きさをひけば計算で求められます。

T では, 同じようにして, いろいろな正多角形をつくってみましょう。(ワークシート①を配付する)

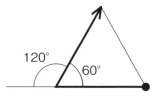

(2) 個人解決

【主体的な学び】

はじめに, 正方形と正三角形を全体で確認することで, 正五角形, 正六角形, ……と意欲的につくろうとする主体的な学びができる。「向きを変える角度」がわからない児童には, 前時までに円を利用して正多角形の作図をした学習を掲示物などで想起させることで, 自ら角度を求められるように支援をする。

C （つくりたい正多角形の角の大きさを180度からひいて，プログラミングする）
C （360度をnでわった商が向きを変える角度になっていることに気づいている）

(3) 発表，話し合い

T それでは，どのようなプログラムを組むことでどんな図形ができたか発表しましょう。
C ①「ペンを下す（直線をひく準備）」②「72度回す（向きを変える）」③「100歩動かす（直線をひく）」
 ④「5回繰り返す」として，正五角形ができました。
C ①「ペンを下す（直線をひく準備）」②「60度回す（向きを変える）」③「100歩動かす（直線をひく）」
 ④「6回繰り返す」として，正六角形ができました。
C ①「ペンを下す（直線をひく準備）」②「45度回す（向きを変える）」③「100歩動かす（直線をひく）」
 ④「8回繰り返す」として，正八角形ができました。
C やっているうちに，向きを変える角度は，360を辺の数でわった商と同じだと気づいたので，わざわざ1つの角を求めなくてもできました。
C 9や10や12は360をわるとわり切れるので，正九角形，正十角形，正十二角形もできました。
C 正七角形もつくってみたいけど，角度が360÷7でわり切れないな。
T 「演算」にある分数記号を使うと，$\frac{360}{7}$という分数を入力することもできますよ。
C それなら正七角形もできそうだ。

(4) まとめ，発展

T 向きを変える角度の簡単な求め方がわかると，正多角形もつくりやすいですね。
 正五角形をつくるときに，72度回すのではなく，間違えて正五角形の角の大きさの108度とプログラムした人がいて，このようになってしまいました。どんな形に見えますか。
C なんだか，もう少し繰り返せば星の形ができそう。
T 試しに，5回の2倍，10回繰り返してみたら，右のようになります。ほかにも正多角形の1つの角だけ向きを変えて形をつくると，どんな形ができるでしょうか。グループで相談しながら，挑戦してみましょう。
 （ワークシート②を配付する）

【深い学び】

ここでできる星形の図形は小学校で学習する正多角形ではないが，パソコンを使ってプログラミングをすれば比較的容易につくることができる。図形の美しさを味わえるとともに，「どのような角度のときにできるのか」「辺の数は何本になり，そこにはきまりはあるのか」などの問いを探究するような学びも期待できる。

C 正多角形の1つの角だけ向きを変えると，きれいな星形ができてびっくりした。
C 繰り返す回数が，思っていたものの2倍になったり半分になったりして不思議でした。

学 習 指 導 案

学　習　活　動	指導上の留意点（○）と評価（◇）
1. 問題把握 T　①「ペンを下す（直線をひく準備）」②「90度回す（向きを変える）」③「100歩動かす（直線をひく）」④「4回繰り返す」とすると，正方形がつくれます。正三角形をつくるには，どのように組み合わせたらよいでしょう。 C　①「ペンを下す（直線をひく準備）」②「60度回す（向きを変える）」③「100歩動かす（直線をひく）」④「3回繰り返す」とすればよいと思います。 T　では，つくってみましょう。 C　正六角形の半分になってしまいました。 T　どうして，正三角形ができなかったのか，近くの人と相談してみましょう。 C　正三角形は，まっすぐの方向に対して120度向きを変えています。 T　向きを変える角度は，図形の角の大きさではなくて，延長線からの角度なのですね。 C　180度から図形の角の大きさをひけば，向きを変える角度を求められます。 T　では，同じようにして，いろいろな正多角形をつくってみましょう。 **2. 個人解決** C　（つくりたい正多角形の角の大きさを180度からひいて，プログラミングする） C　（360度をnでわった商が向きを変える角度になっていることに気づいている） **3. 発表，話し合い** T　発表しましょう。 C　「72度」を5回で正五角形ができました。 C　「60度」を6回で正六角形ができました。 C　「45度」を8回で正八角形ができました。 C　向きを変える角度は，最初に360を辺の数でわった商と同じだと気づきました。 C　360をわり切れる正九角形，正十角形，正十二角形もできました。 C　演算にある分数記号を使い，$\frac{360}{7}$と入力したら，正七角形もできました。 **4. まとめ，発展** T　向きを変える角度の簡単な求め方がわかると，正多角形もつくりやすいですね。 　　正五角形の向きを変える角度を108度とプログラムしたら，このようになりました。 C　もう少し繰り返せば星の形ができそう。 T　10回繰り返してみたら，星のようになります。ほかにも正多角形の1つの角だけ向きを変えて形をつくると，どんな形ができるでしょうか。グループで相談しながら，挑戦してみましょう。	○1人1台，もしくはペアで1台のパソコンを使用する。 ○プログラミングソフト（Scratchなど）の使い方を，正方形を例に説明する。 ○まずは正三角形をつくらせることで，「向きを変える角度」の解釈をペアや小グループで相談させる。　　　　　　　　　　　　　＜対話的な学び＞ ◇「向きを変える角度」が内角ではなく外角であることに気づいたか。 ○ワークシート①を配付する。 ○角度の設定を誤ってプログラムし，正多角形がつくれなかった子どもの反応をつかみ，発展時に取り上げる。　　　　　　　　　＜深い学び＞ ◇いろいろな正多角形を，①「ペンを下す（直線をひく準備）」②「□度回す（向きを変える）」③「100歩動かす（直線をひく）」④「□回繰り返す」などのプログラムでつくることができたか。 　　　　　　　　　　　　　＜主体的な学び＞ ◇□角形の作成で，向きを変える角度が，360÷□で求められることを，円を利用した作図の仕方から説明することができたか。　＜深い学び＞ ○正七角形も作ってみたいという思いを察して，「演算」の分数入力を紹介する。＜主体的な学び＞ ○黒板に，掲示用紙にかかせた正多角形を掲示する。 ◇つくり方をわかりやすく説明できたか。 ◇多くの正多角形を整理することで，共通性に気づいたか。　　　　　　　　　　＜対話的な学び＞ ○ワークシート②を配付する。 ◇星形ができることに興味をもち，角度や直線の数を工夫しながら，意欲的につくろうとしているか。　　　　　　　　　　　　　＜深い学び＞

《ワークシート①》

　月　　日　　時間目

5年　　組　　番　名前_____

フリープログラミングソフト「Scratch」を使い、①「ペンを下す」②「□度回す（向きを変える）」③「100歩動かす（直線をひく）」④「□回繰り返す」として、いろいろな正多角形をつくりましょう。

向きを変えた角度

<正三角形>

<正方形>

<正（　）角形>

<正（　）角形>

<正（　）角形>

<正（　）角形>

《ワークシート②》

　月　　日　　時間目

5年　　組　　番　名前_____

正多角形の1つの角度

「Scratch」を使い、①「ペンを下す（直線をひく準備）」②「□度回す（正多角形の1つの角の大きさだけ向きを変える）」③「100歩動かす（直線をひく）」④「□回繰り返す」とすることで、どのような図形ができるでしょうか。

できた図形↑

できた図形↑

（できた図形をフリーハンドでかきましょう）

〈気づいたこと、わかったことを書きましょう〉

6年

1.「合同な2つの図形に分けるには？」

実施時期　「対称な図形」のまとめ

問題　右の線対称な図形，点対称な図形に，それぞれ1本の直線をひいて，合同な2つの図形に分けましょう。

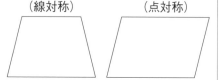

めあて

主体的な学び　点対称な図形を合同な2つの図形に分ける直線を，多様につくろうとする。

対話的な学び　友だちの意見を聞くことで，点対称な図形を合同な2つの図形に分ける直線が多く存在することに気づく。

深い学び　点対称な図形を合同に分けるすべての直線は対称の中心を通ることを発見し，より多くの直線を見つけたり，ほかの点対称な図形でも確かめたりしようとする。

1 教材について

(1) 2つの合同な図形に分ける直線の数が，線対称な図形と点対称な図形ではまったく異なるというおもしろさを味わうことができる

線対称な図形は，対称の軸で切ると，2つの合同な図形に分けることができる。これは，対称の軸で2つに折ってぴったり重ねる経験をしているので，容易に見つけることができる。ただし点対称な図形でなければ，対称の軸の本数は多くはない。

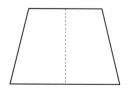

一方，点対称な図形のほうが，一見その直線を見つけるのは迷うが，例えば問題の平行四辺形であれば，しばらく考えるうちに，辺に平行な直線や対角線の4本に気づいていく。はじめに2本しか気づかなかった子どもも，「4本ある」という友だちの言葉に刺激を受けて図形を見直すと，見つけられるだろう。興味をもって主体的に直線探しができる。

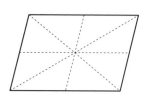

(2) 5本目が見つかりだすと，直線の数はどんどん増えていき，主体的な学びがすすむ

右のような5本目の直線に気づく子が現れ，それを発表のなかで共有していくと，2つの台形の上底と下底の長さを同じ長さになるような切り方がどんどんと出されていく。対話的な学びを通して，さらに主体的に図形を見つめていくようになる。子どもの実態に応じて，あらかじめ方眼上にかいた平行四辺形を配付しておくと，2つの台形に分ける直線が見つかりやすい。

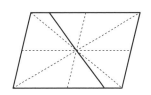

やがて子どもは，すべての直線が対称の中心を通っていることに気づくだろう。そして，「対称の中心さえ通れば，どんな直線でもよいのではないか」という仮説を立てながら，それを試しはじめる。台形の上底や下底の長さが整数値から小数値へと拡張され，直線が無数に存在することに驚く。

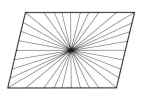

合同な図形に分ける直線が，線対称な図形では対称の軸のみだったのに対し，点対称な図形では無数に存在することへの驚きとともに，同一の点（対称の中心）を通る直線が何本もかかれる図形的な美しさを味わうことができる。

(3) ほかの「点対称な図形」でも成り立つのかと発展させることができる

そもそも，平行四辺形が合同な2つの図形に切る直線が無数に存在するのは，図形上のすべての点が対称の中心をもとにして，180度回転していることから説明がつく。つまり，すべての「点対称な図形」にあてはまる特徴であるといえる。

もともと円は，対称の軸を探す学習で，それが無数に存在することに気づいているが，長方形，ひし形，正六角形，そしてほかのどんな点対称な図形にもあてはまる。任意の点対称な図形をかかせ，確かめさせてみるとおもしろい。

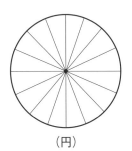
（円）

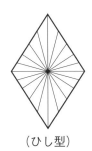
（ひし型）

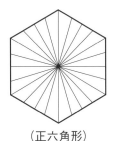
（正六角形）

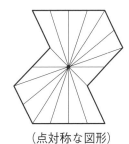
（点対称な図形）

2 展開例

(1) 問題把握

T 今日は右のような2つの図形を用意しました。㋐は線対称な台形，㋑は点対称な平行四辺形です。
  それぞれの図形に直線を1本ひいて，2つの合同な図形に分けます。どのような直線をひけばよいでしょうか。
  （ワークシート①を配付する）

(2) 個人解決

C （㋐に対称の軸をひく）
C （㋑の向かい合った1組の辺の中点を結ぶ）
C （㋑の対角線をひく）
C （㋑の上底と下底の長さがそれぞれ等しくなるような2つの台形に分ける直線をひく）

【主体的な学び】
　個人思考で，1本ずつの直線が見つかった時点で満足している子どももいる。複数の直線を見いだしている児童がいることを取り上げ，「直線はいくつかあるのかもしれない」という思いをもたせることで，1つでも多くの直線を見つけていこうとする意欲をかきたて，主体的に考える楽しさを味わわせる。

(3) 発表，話し合い

T どのような直線をひいたか，発表しましょう。
C ㋐には，対称の軸をひいて，2つの合同な台形に分けました。
C ㋑は2本ありました。辺に平行で同じ幅になるように直線をひいたら合同な平行四辺形に分けられます。
C ㋑はあと2本ありました。対角線をひくと，合同な三角形2つに分けられます。
T ㋐は1種類で㋑は2種類かと思ったら，㋑は4種類も直線をひけたのですね。
C ㋑は4種類だけではなく，もっとありました。
T 4種類よりも多いという人がいますが，本当にありそうですか。近くの人と相談してみましょう。

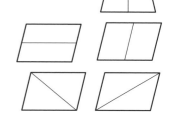

―【対話的な学び】―――――――――――――――――――――――――――――
　2つの直線を見つけて満足している子は，3つ目があると気づいた時点で4つ目にも気づく。「5つ以上ある」という友だちの意見を受けて改めて考える時間をとったり，ペアで相談する時間をとったりすることで，発見する楽しさを味わえる場面をつくる。
――――――――――――――――――――――――――――――――――――――

T　それでは，5つ目の直線を発見した人は発表しましょう。
C　ちょうど真ん中に，高さをとるように垂直な直線をひきました。そうしたら，合同な2つの台形に分けられました。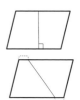
C　上と下の辺の，それぞれ左右から1マスずつのところを結んで，2つの台形に分けました。この台形は，上底も下底も同じ長さで合同です。
C　それならば，上底の長さを変えればほかにも直線は見つかります。
C　斜めの辺も，同じように上と下から同じ長さのところを結んだ直線で分ければ，やっぱり2つの合同な台形に分けられます。
T　台形を上手につくると，直線はたくさんみつかりますね。これまで発表された直線を重ねてみましょう。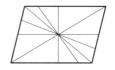
C　ぜんぶ，真ん中の同じところを通っています。
T　このすべての直線が交わっている点は，何という点ですか。
T　対称の中心です。
C　ほかにも対称の中心を通る直線をひけば，合同な台形に分けることができます。
C　対称の中心を通ればよいなら，直線は無数にあります。

(4) まとめ，発展
T　平行四辺形のように，2つの合同な図形に分けられる直線が無数にある図形は，ほかにもありますか。
C　円も無数にあります。長方形やひし形もそうかもしれません。確かめてみたいです。
T　確かめてみたら，それらの図形に共通するものを考えてみましょう。
　　（ワークシート②を配付する）

―【深い学び】――――――――――――――――――――――――――――――
　合同な2つの図形に分割できる直線が無数に存在する図形を探し，それらの共通点を見つけることが，すべての直線が対称の中心を通っているという性質を見いだし，深い学びが実現できる。
――――――――――――――――――――――――――――――――――――――

学 習 指 導 案

学 習 活 動	指導上の留意点（○）と評価（◇）
1. 問題把握 T　線対称な台形⑦と点対称である平行四辺形④に，それぞれ１本の直線をひいて，２つの合同な図形に分けましょう。	○導入で，線対称，点対称ということを印象づけておく。 ○ワークシート①を配付する。
2. 個人解決 C　（⑦に対称の軸をひく） C　（④の向かい合った１組の辺の中点を結ぶ） C　（④の対角線をひく） C　（④の上底と下底の長さがそれぞれ等しくなるような２つの台形に分ける直線をひく）	○④には，直線が複数あることを示唆し，たくさん見つけようとする意欲を高める。 **＜主体的な学び＞** ◇合同な図形に分ける直線を見つけることができたか。
3. 発表，話し合い T　発表しましょう。 C　⑦には，対称の軸をひきました。 C　④は辺に平行で同じ幅になるようにひける直線が２本ありました。 C　④は対角線でもできるので４本あります。 C　４種類ではなく，もっとありました。 T　５つ目の直線を発表しましょう。 C　ちょうど真ん中に，高さをとるように垂直な直線をひきました。 C　上下の辺の左右から同じ長さのところを結んで直線をひきました。 C　斜めの辺も，同じように上と下から同じ長さのところを結んだ直線をひけます。 T　発表された直線を重ねてみましょう。 C　ぜんぶ，同じところを通っています。 T　このすべての直線が交わっている点は，何という点ですか。 T　対称の中心です。 C　ほかにも対称の中心を通る直線をひけば，合同な台形に分けることができるから，直線は無数にあります。	○友だちの意見をもとに，④には直線が２通りある→４通りある→５通り以上あると増えるたびに，自ら気づけるように考える時間を保障する。　**＜対話的な学び＞** ◇友だちのヒントをもとに，気づかなかった直線の存在に気づくことができたか。 **＜対話的な学び＞** ○あらかじめ，OHPシートに予想される直線をひいた平行四辺形を用意しておき，実物投影機でテレビに映して重ねる。 ○特に方眼上に平行四辺形を載せると，辺と方眼との交点から始まる直線しか気づきにくい。方眼にかかわらず，対称の中心を通れば，どんな直線でもよいという見方を子どもから引き出す。**＜深い学び＞**
4. まとめ，発展 T　２つの合同な図形に分けられる直線が無数にある図形は，ほかにもありますか。 C　円も無数にあります。長方形やひし形もそうかもしれません。確かめてみたいです。 T　確かめてみたら，それらの図形に共通するものを考えてみましょう。	○ワークシート②を配付する。 ◇平行四辺形以外にも，直線が無数に存在する図形を考えることにより，点対称な図形に共通する特徴であることに気づくことができたか。 **＜深い学び＞**

《ワークシート②》
月　日　時間目

6年　　組　　番　名前＿＿＿＿＿

平行四辺形のように、合同な2つの図形に分ける直線がたくさんある図形はほかにもあるでしょうか。実際にかいてみて考えましょう。

《気づいたことを書きましょう》

《ワークシート①》
月　日　時間目

6年　　組　　番　名前＿＿＿＿＿

右の線対称な図形、点対称な図形に、それぞれ1本の直線をひいて、合同な2つの図形に分けましょう。

（線対称）

（点対称）

6年

2.「$\frac{1}{\square} \div \frac{1}{\bigcirc} \div \frac{1}{\diamondsuit}$=6 にあてはまる数は？」

実施時期	「分数のわり算」のまとめ

問題

　下の式の□，○，◇の中に1～9までの数字を入れて，答えが6になる式を完成させましょう。

　ただし，1つの式で，同じ数字を何回使ってもよいこととします。

$$\frac{1}{\square} \div \frac{1}{\bigcirc} \div \frac{1}{\diamondsuit} =6$$

めあて

主体的な学び	逆数を使って，わり算をかけ算の式に変え，□，○，◇に入る数字の組み合わせを多様に考えることができる。
対話的な学び	自分では考えつかなかった見つけ方や，□，○，◇に入る数字の組み合わせを話し合いを通じて学ぶことができる。
深い学び	□，○，◇に入る数の条件を変えるなど，問題を発展させようとする。

1 教材について

(1) さまざまな組み合わせを見つける過程で，1から順に調べていくよさを感じられる

　わり算の式のままで，□，○，◇に入る数を見つけることも可能ではある。しかし，このままでは考えにくい。

　そこで，逆数を使って，わり算の式をかけ算の式に表して考えてみる。□に1を入れると○×◇が6になる組み合わせを考えればよいことになるから，いくつかの答えを見つけることができる。

　問題は，□の中に2以上の数が入るときである。

　その場合には，○または◇に□に入る数と同じ数を入れれば，約分されて1×◇，1×○になるため残る◇または○に6を入れればよいことになり，これも比較的たやすく答えが見つかる。しかし，□，○，◇の中にそれぞれ違う数が入る組み合わせもある。この見つけ方がなかなか難しい。そこで，□の中に1から順に数をあてはめていき答えを見つけようとする発想が生まれる。

98

□	1	1	1	1	2	2	2	2	3	3	3	3	4	4	4	4	5	5
○	1	6	2	3	2	6	3	4	2	9	3	6	3	8	4	6	5	6
◇	6	1	3	2	6	2	4	3	9	2	6	3	8	3	6	4	6	5

□	6	6	6	7	7	8	8	9	9
○	4	9	6	6	7	6	8	6	9
◇	9	4	6	7	6	8	6	9	6

　このように，1から順に数字をあてはめて考えていこうとする主体的な態度が表れ，それによって学びを深めていけるところが，この教材のもつよさである。

(2) 問題を発展させるおもしろさを味わうことができる

　この教材では，□に入る数字を1～9までと限定している。この教材を発展させる場合，この条件をすべて取り除いてしまってはあまりにも答えの範囲が広がりすぎ，授業としてのまとまりがつかない。そこで，次のように問題の条件を変えてみる。

　下の式の□の中には1～9までの数字を，○と◇の中には整数を入れて，答えが6になる式を完成させましょう。

　ただし，1つの式で，同じ数字を何回使ってもよいこととします。

$$\frac{1}{□} \div \frac{1}{○} \div \frac{1}{◇} = 6$$

---

　(1) の答えと合わせ，答えの組み合わせの数は，あっという間に2倍以上に増える。

□	2	2	3	3	4	4	4	4	5	5	5	5	5	5	6	6	6	6	6	6
○	1	12	1	18	1	24	2	12	1	30	2	15	3	10	1	36	2	18	3	12
◇	12	1	18	1	24	1	12	2	30	1	15	2	10	3	36	1	18	2	12	3

□	7	7	7	7	7	7	8	8	8	8	8	8	8	8	9	9	9	9	9	9
○	1	42	2	21	3	14	1	48	2	24	3	16	4	12	1	54	2	27	3	18
◇	42	1	21	2	14	3	48	1	24	2	16	3	12	4	54	1	27	2	18	3

　この発想は，問題を解決していく過程で自然と子どもたちの間から出てくる。「この条件をゆるめればもっといろいろな答えがつくれる」というように学習を楽しみ，深めることを目的に問題を発展させていこうとする態度を育てられることも，この教材のよさである。

2 展開例

(1) 問題把握

T　今日は，分数のわり算の問題です。$\dfrac{1}{9} \div \dfrac{1}{6} \div \dfrac{1}{9}$ の計算をしましょう。

C　できました。答えは6になります。

$$\dfrac{1}{9} \div \dfrac{1}{6} \div \dfrac{1}{9} = \dfrac{1 \times 6 \times 9}{9 \times 1 \times 1} = 6$$

C　逆数を使うと $\dfrac{1}{9} \div \dfrac{1}{6} \div \dfrac{1}{9} = \dfrac{1}{9} \times 6 \times 9$ となり，もっと簡単に考えられます。

　「$\dfrac{1}{9} \times 9 = 1$」なのだから，6が残って，答えは6とすぐにわかります。

T　簡単に計算ができますね。ほかに何か気づいたことや発見したことはありますか。

C　真ん中の分数の分母の6がそのまま，答えになっています。

C　$\dfrac{1}{9} \div \dfrac{1}{9}$ の答えは1で，$1 \div \dfrac{1}{6}$ の答えが6だから，この答えは6になると思います。

C　それならば，この式が $\dfrac{1}{9} \div \dfrac{1}{9} \div \dfrac{1}{6}$ でも，やはり答えは6になると思います。

T　ということは，答えが6になるわり算の式は，ほかにもいろいろ考えられそうですね。

　それでは，今日はこんな問題に挑戦してみましょう。

　（ワークシートを配付する）

【問題】

　右の式の□，○，◇の中に1～9までの数字を入れて，答えが6になる式を完成させましょう。

　ただし，1つの式で，同じ数字を何回使ってもよいこととします。

$$\dfrac{1}{\square} \div \dfrac{1}{\bigcirc} \div \dfrac{1}{\diamondsuit} = 6$$

【主体的な学び】

　具体的な式から導入することによって，同じ答えになる式がいくつも存在することをイメージすることができ，個人解決でも1つの式だけではなくほかの式も進んで見つけていこうとする。さらには複数見つけることで，共通性に気づきやすくなる。この学びが主体的な学びである。

(2) 個人解決

C　（ランダムに□，○，◇に入る数を見つけていく）

C　（□と◇，または□と○に同じ数を入れ，○または◇に6を入れる）

C　（□に1から順に数を入れていき，答えが6になる式を見つけていく）

(3) 発表，話し合い

T　それでは，答えが6になる式を発表してみましょう。

（カードを用意しておき，発表者にはこのカードに数を記入させ，黒板に掲示する）

―【対話的な学び】―

　たとえば，「◇に6を入れ，□と○に同じ数を入れる」ことに気づき，これに従っていくつもの式をつくっていた子どもも，友だちが発表するそれとは異なる式を聞くことで，「それならほかにもできそうだ」という意欲が高まる。このような対話的な学びによって，見方が広がり，さらなる意欲とともに思考が深まるのである。

T　答えが6になるわり算の式はこんなにできるんですね。すごいですね。
　本当にもうこれ以上はできませんか。もれていたりだぶっていたりしてはいないかな。

C　□を1から順に並び替えるとよいと思います。（できれば子どもから出させる）

T　それでは，並び替えてみましょう。（99ページ参照）

(4) まとめ，発展

T　何か気づくことはありますか。

C　□に入る数を変えなければ，○と◇の数はどれも入れ替えた組み合わせがあります。

C　○は□に6をかけた数の約数になっていて，◇は□に6をかけた数÷○になっています。

C　ということは，○も◇も□に6をかけた数の約数になっていることになります。

C　□に6をかけた数の約数を調べれば○も◇も落ちなく見つけることができます。

T　もしも，□の中には1〜9までの数字という条件のままで，○と◇の中には10以上の整数を入れてもよいという条件に変えたらどうなるでしょう。

C　きっと見つかる式は増えると思います。

―【深い学び】―

　一見，○と◇に入る数範囲を広げると，式は無限に存在するように感じる子も多い。しかし，実際に試してみて整理すると，そこに新しい発見が生まれる。このような活動が，問題の発展のさせ方も子ども自身が学んでいく深い学びとなる。

T　グループで調べ合ってみましょう。

（グループをつくり，調べ合って，表に整理し，わかったことをまとめる）

T　グループごとに発表しましょう。

学 習 指 導 案

学　習　活　動	指導上の留意点（○）と評価（◇）
1. 問題把握 T　$\dfrac{1}{9} \div \dfrac{1}{6} \div \dfrac{1}{9}$ の計算をしましょう。 C　$\dfrac{1}{9} \div \dfrac{1}{6} \div \dfrac{1}{9} = \dfrac{1}{9} \times 6 \times 9 = 6$ です。 $\dfrac{1}{□} \div \dfrac{1}{○} \div \dfrac{1}{◇} = 6$ の□, ○, ◇の中に1〜9までの数字を入れて式を完成させましょう。ただし，1つの式で，同じ数字を何回使ってもよいこととします。	○前時までの学習内容であるため，時間はそれほどかけない。 ◇既習内容が理解でき，正しく計算処理できたか。 ○ワークシートを配付する。
2. 個人解決 C　（ランダムに□, ○, ◇に入る数を見つける） C　（□と◇，または□と○に同じ数を入れ，○または◇に6を入れる） C　（□に1から順に数を入れていき，答えが6になる式を見つけていく） **3. 発表，話し合い** T　答えが6になる式を発表してみましょう。 T　ほかにはないかな。だぶっている組み合わせはないかな。 C　□を1から順に並べればとよいと思います。	○机間指導では，問題の意味が理解できていない児童に対して□, ○, ◇のいずれかに具体的に数字を入れさせ，それをもとに一緒に考え，解決意欲をもたせる。 　　　　　　　　　　　**＜主体的な学び＞** ◇自分なりの方法でいろいろな式を見つけることができたか。　**＜主体的な学び＞** ○発表させた□, ○, ◇の組み合わせをランダムに掲示する。 ◇整理して見やすくする方法を考えることができたか。　**＜対話的な学び＞**
4. まとめ，発展 T　何か気づくことはありますか。 C　□に入る数を変えなければ，○と◇の数はどれも入れ替えた組み合わせがあります。 C　○は□に6をかけた数の約数になって，◇は□に6をかけた数÷○になってます。 C　だから，□に6をかけた数の約数を調べればこれで全部だということがわかります。 T　もしも□の中には1から9までの数字という条件のままで，○と◇の中にはどんな整数を入れてもよいとしたらどうなりますか。 C　きっと見つかる式は増えると思います。 T　グループで調べ合ってみましょう。	○気づいたことを自由に発表させる。状況に応じて，小グループでの話し合いの時間を設ける。　**＜対話的な学び＞** ◇友だちの発表から，友だちが気づいたことを理解し，学ぼうとできたか。 　　　　　　　　　　　**＜対話的な学び＞** ○小グループでの共同学習としたり，家庭学習としたりする。　**＜深い学び＞**

月　日　時間目　　　　　　　　　　　　　　　　　6年　　組　　番　名前＿＿＿＿＿＿

下の式の□、○、◇の中に1~9までの数字を入れて、答えが6になる式を完成させましょう。ただし、1つの式で、同じ数字を何回使ってもよいこととします。

$$\frac{1}{□} \div \frac{1}{○} \div \frac{1}{◇} = 6$$

□								
○								
◇								

□								
○								
◇								

□								
○								
◇								

[□の中には1~9までの数字のままで、○と◇の中には10以上の整数を入れてよいと条件を変えたらどうなるでしょうか]

〈気づいたことを書きましょう〉

6年

3. 「男子と女子の人数は？」

実施時期 「比」のまとめ

問題 6年生の人数は全部で60人です。
男子と女子の人数の比は，1：□になっているそうです。
男子および女子の人数は，それぞれ何人ですか。

めあて

主体的な学び 60を分けきれるように□に入る多様な数を見つけることができる。

対話的な学び 話し合いを通して，□に入る数と60の関係をとらえることができる。

深い学び 友だちの考えから，□に入る数のよりよい見つけ方を考えようとする。

1 教材について

(1) 男子の人数が60の約数になっているおもしろさに気づくことができる

□に入る数を見つけるとき，1から順に数をあてはめていくであろう。

まず，男子の人数を求めることとする。

```
1：1 → 60÷（1+1）=30        1：4 → 60÷（1+4）=12
1：2 → 60÷（1+2）=20        1：5 → 60÷（1+5）=10
1：3 → 60÷（1+3）=15
```

ここまでは，スムーズに求められる。ところが，うまくいかない場合も出てくる。

たとえば，1：6のときである。60÷（1+6）はわりきれない。したがって，□には6は
入らないことがわかる。引き続き調べると，□に入る数は，次の通りとなる。

```
1：9  → 60÷（1+ 9 ）=6       1：19 → 60÷（1+19）=3
1：11 → 60÷（1+11）=5        1：29 → 60÷（1+29）=2
1：14 → 60÷（1+14）=4        1：59 → 60÷（1+59）=1
```

男子の人数を整理してみよう。

1人，2人，3人，4人，5人，6人，10人，12人，15人，30人となる。

これらの数と全体の人数である60との関係を考えてみると，男子の人数は全体の人数の
約数となっていることに気づく。（ただし全体の人数は除く）

また，見方を変えると，□に入る数は，全体の人数である60の約数から1ひいた数ともいえる。

このように，比を活用する問題であるにもかかわらず，約数が活用できる点が，この教材のもつおもしろさである。

(2) 自ら問題の条件をゆるめるおもしろさを感じられる

(1) をもう一度よく見てほしい。本来約数とは，その数も含む。そこで，男子の人数を60人としたらどうなるだろうか。□には0が入ることになる。1：0という比は本来存在しない。しかし，男子60人，女子0人というケースはありえる。そう，男子校である。

算数の問題としての条件をゆるめることにより，味わえたおもしろさである。

(3) 子どもの個性や思いを生かした問題づくりの楽しさを味わうことができる

この教材では，学年の人数を60人として設定している。この人数を子どもに自由に設定させると，きわめておもしろい授業が展開できる。ただし，男子校ではないという条件をつける。

59とか67というように素数を設定する子どもたちがいる。答えを1通りに限定しようと考える子どもである。この子どもたちの意識は，素数をいかにたくさん見つけるかへと方向づけられている。

また，72とか120というように約数を多く含む数を設定する子どもたちもいる。少しでも多くの答えをつくろうと考える子どもである。この子どもたちの意識は，60人のときの11通りの答えを上回りたいという方向へ向けられる。

（学年全体の人数）（男子の人数）

72人 …………… 1人，2人，3人，4人，6人，8人，9人，12人，18人，24人，36人 ＜以上11通り＞

120人 ………… 1人，2人，3人，4人，5人，6人，8人，10人，12人，15人，20人，24人，30人，40人，60人 ＜以上15通り＞

このように，学年の人数を自分で決めるという問題づくりの活動を取り入れることにより，子ども一人ひとりの個性や思いを生かした学習が展開できる。こうした問題づくりを無理なく取り入れ，自然と深い学びになっていく点も，この教材のもつよさである。

2 展開例

（1）問題把握

T　ある学校の6年生の男子と女子の人数は，男子が40人で女子が36人です。簡単な比で表すと，何：何になりますか。

C　40：36だから，簡単な比で表すと10：9です。

T　それでは，次のような学校の男子の人数と女子の人数はわかりますか。

> 6年生の人数は全部で60人です。
> 男子と女子の人数の比は，1：□になっているそうです。
> 男子および女子の人数は，それぞれ何人ですか。

C　わかります。□に1を入れると，男子も女子も30人になります。

C　ほかにもあります。

T　いろいろ考えられるようですね。ではどんな場合があるか調べてみましょう。（ワークシートを配付する）

【主体的な学び】

　だれでも，□に入る数を1から順に入れることは思いつく。複数の答えを思いつきながらも，そこで□にあてはまらない数もあることに気づき，「どんな数ならできるのか」という問いが自然と生まれるという，主体的な学びが実現できる。

（2）個人解決

C　（□の中に1，2，3，……と順々に数をあてはめていき，さまざまな答えを見つける）

C　（□の中には，学年の人数である60の〔約数－1〕の数が入ることに気づき，さまざまな答えを見つける）

C　（男子の人数が学年の人数である60の約数になっていることに気づき，さまざまな答えを見つける）

（3）発表，話し合い

T　それでは発表しましょう。

男子：女子	男子の人数	女子の人数	男子：女子	男子の人数	女子の人数
1：1	30人	30人	1：9	6人	54人
1：2	20人	40人	1：11	5人	55人
1：3	15人	45人	1：14	4人	56人
1：4	12人	48人	1：19	3人	57人
1：5	10人	50人	1：29	2人	58人
			1：59	1人	59人

106

T　何かおもしろいことに気づいた人はいますか。

C　男子の人数は，学年全体の人数 60 の約数になっています。でも 60 は入っていません。

C　□に入る数は，学年全体の人数である 60 の約数から 1 ひいた数になっています。

C　どちらにしても，学年全体の人数の約数が関係しているところがおもしろいです。

C　質問ですが，□の中に 0 が入ってはいけないのですか。

C　もし，0 が入ってもよいのなら，男子の人数は学年全体の人数である 60 になります。

T　でも，現実に□に 0 が入るというような場面はありえるのかな。

C　ありえます。男子校です。

---【対話的な学び】---

　1：0 という比は存在しない。しかし，約数という観点から見直した児童の気づきを共有し，話し合いのなかで問題場面を解釈することで，"全員男子" という可能性があることを対話的に発見することができる。

(4) まとめ，発展

T　それでは，今度は学年の人数を 60 人ではなく，自分で決めてみましょう。何人にしますか。ただし，男子校はなしとします。

C　答えを少なくするために 59 人や 67 人にします。

C　答えを多くするために，72 人や 120 人にします。

T　比で表された問題なのに，約数を使って考えるなんておもしろいですね。学年全体の数によって，答えの数が変わるところもおもしろいですね。

---【深い学び】---

　発見したきまりを問題づくりにつなげることによって，作問者の意図が数値に表れてくる。こうした活動によって，考える楽しさ，つくりあげるおもしろさを味わい，豊かな数感覚を身につけていくことが，深い学びにつながる。

学 習 指 導 案

学 習 活 動	指導上の留意点（○）と評価（◇）
1. 問題把握 T　男子が40人で女子が36人のとき，男子と女子の人数の簡単な比は何：何ですか。 C　40：36なので10：9です。 6年生の人数は全部で60人です。 男子と女子の人数の比は，1：□になっているそうです。 男子および女子の人数は，それぞれ何人ですか。	○自分の学校の人数が簡単な比に表せる人数の場合は，自分の学校を題材にする。 ◇男子と女子の人数の比を簡単な比に表すことができたか。 ○ワークシートを配付する。
2. 個人解決 C　（□の中に1，2，3，……と順々に数をあてはめていき，答えを見つける） C　（□の中には，学年の人数である60の〔約数−1〕の数が入ることに気づき，答えを見つける） C　（男子の人数が学年の人数である60の約数になっていることに気づき，答えを見つける） **3. 発表，話し合い** T　それでは発表しましょう。何か気づいた人はいますか。 C　男子の人数は，学年全体の人数60の約数になっています。でも60は入っていません。 C　□に入る数は，学年全体の人数である60の約数から1ひいた数になっています。 C　どちらにしても，学年全体の人数の約数が関係しているところがおもしろいです。 C　□の中に0が入ってはいけないのですか。 C　もし，0が入ってもよければ，男子の人数は学年全体の人数60になります。 T　でも，□に0が入るなんてありえるのかな。 C　ありえます。男子校です。 **4. まとめ，発展** T　学年の人数を自分で決めてみましょう。 C　59人や67人にして答えを少なくします。 C　72人や120人にして答えを多くします。 T　比で表された問題なのに，約数を使って考えるなんておもしろいですね。 　　学年全体の数によって，答えの数が変わるところもおもしろいですね。	◇多様な男子と女子の人数の組み合わせを見つけることができたか。 　　　　　　　　　　**＜主体的な学び＞** ○見つけた多様な男子と女子の人数の組み合わせからきまりを見つけた子どもがいた場合は，どんなきまりを見つけたか，そのきまりをどう利用して男女の人数を求めたかをワークシートに書かせる。 ◇自分なりに気づいたこと，見つけたきまりを発表できたか。 ◇発表された友だちの気づきを理解できたか。　　　　　**＜対話的な学び＞** ○「□の中に0が入る」という見方をしている子どもを取り上げ，その意味を問題場面から読み解かせる。　**＜対話的な学び＞** ○「□の中に0が入る」という発想が子どもから出ない場合は，教師が出してもよい。 ◇自分なりの観点，ねらいをもって人数を決めることができたか。　**＜深い学び＞**

月　日　時間目　　　　　6年　組　番　名前＿＿＿＿＿

6年生の人数は全部で60人です。
男子と女子の人数の比は、1：□になっているそうです。
男子および女子の人数は、それぞれ何人ですか。

〈気づいたことを書きましょう〉

【問題をつくりかえてみましょう】

6年生の人数は全部で□人です。
男子と女子の人数の比は、1：□になっているそうです。
男子と女子の人数は、それぞれ何人ですか。

【自分がつくった問題の答えを書きましょう】

6年

4.「各国の主張をさぐれ！」

実施時期 「資料の整理」のまとめ

問題

ある団体スポーツの国際大会が開かれました。各国の得点結果は，次の通りでした。

A国〜95点，87点，90点，93点，89点，89点

B国〜88点，89点，96点，87点，95点，（失格）

C国〜93点，91点，92点，90点，78点，96点

D国〜89点，90点，91点，88点，89点，90点

E国〜99点，86点，85点，88点，90点，86点

この得点をもとに，優勝国を決めようとすると，どの国も自分の国が優勝だと主張しはじめました。いったいどんな理由で自分の国が優勝だと主張したのでしょうか。

めあて

主体的な学び 既習の比べ方である「平均」「合計得点」「最高点」などを活用して，各国の主張をさぐることができる。

対話的な学び 自分では考えつかなかった優勝チームの決め方や数の柔軟なとらえ方を友だちから学ぶことができる。

深い学び 多様な見方をすることによって同じ事象でもさまざまなとらえ方があることに気づくことができる。

1 教材について

(1) 既習事項を活用し，さまざまな順位決定の方式を観点を変えながら考えていくことができる

団体競技の順位決定の方法というと，スキー・ノルディックのジャンプのように，合計得点による方法が一般的である。しかし，ほかにも順位決定方式は存在する。体操大会のように，参加した各チームごとに参加選手の中の最低得点を除いた合計得点で順位を決定する方式もある。また，個人種目ではあるが，フィギュアスケートのように何人もの審査員による採点のうち最高得点と最低得点を除いた合計得点で順位決定する競技もある。すなわち，競技の特徴・個性により，順位決定方式が独自に決められているわけである。

この教材では，参加した5か国が，それぞれ自分の国が優勝だと主張しているわけであるから，少なくても5通りの順位決定方式が考えられることになる。しかし，「順位決定の

110

方法を自分なりに5通り考えましょう」と問題設定しているわけではない。参加した5か国の参加選手の得点をもとに順位決定の方法をいろいろと考えてみるのである。ここに，この教材の算数的価値が生まれる。

まず，一般的な「合計得点」で順位を決めるとA国の優勝となる。

次に，一般的な「平均得点」で順位を決めるとB国の優勝となる。

次に，「最高得点者がいる」で順位を決めると，E国が優勝となる。

あとは，C国とD国である。両国とも自国を優勝とする明確な順位決定の方法が簡単には見えてこない。それだけに，A国・B国・E国より順位決定の方法が多様に考えられることになる。明確な答えが見えないだけに，さまざまな方法を考えていく楽しさが味わえる。

(2) 数値を自由に柔軟にとらえるおもしろさを感じられる

明確な根拠が見えてこない以上，得点の数値の特徴に着目する以外に手はない。

C国から考えてみよう。

〔C国〜93点，91点，92点，90点，78点，96点〕

目につくのが，78点という全参加選手中最低得点の者を抱えている点である。言い換えれば，各チームごと，最低得点を除いての合計得点で競うとしたら，C国が優勝となる。また，各得点の一の位の数を切り捨て十の位の数に着目すると，C国だけが90点台が5人そろっており，C国が優勝となる。この考えは「柱状グラフ」につながっていく。

では，D国について考えてみよう。

〔D国〜89点，90点，91点，88点，89点，90点〕

目につくのは，C国と違って，得点の低い選手がいない点である。同時に，E国のように，エース的存在がいない点も目につく。すなわち，全選手が同等の力をもっているまとまりのあるチームといえる。5人のだれが出ても安定した得点が出せる（チーム内の最高得点と最低得点の差が少ない）という見方をするとD国の優勝となる。この見方が，"ちらばり"につながっていく。

また，得点数値に着目するだけでなく，順位に着目する見方もできる。

各チームの得点を，高い順位に並び替え，1位ごと，2位ごとに見ていき，1位と2位の合計点で競ったり，各順位における1位をとった選手の数で競ったりという見方もできる。

得点や順位に着目し，その数値を自由に柔軟にとらえていくおもしろさがこの教材にはある。

2 展開例

(1) 問題把握

T （黒板に，得点表を掲示する）

A国〜95点，87点，90点，93点，89点，89点

B国〜88点，89点，96点，87点，95点，（失格）

C国〜93点，91点，92点，90点，78点，96点

D国〜89点，90点，91点，88点，89点，90点

E国〜99点，86点，85点，88点，90点，86点

この得点表は，ある団体スポーツの国際大会が開かれたときのものです。参加したのは，A・B・C・D・Eの5か国で，各国の得点結果をまとめたのが，この表です。

ところが，競技が終了して，いざ優勝国を決めようとすると，参加した5か国すべてが，自分の国が優勝だと主張しはじめました。それぞれの国は，いったいどのような根拠をもって，自分の国が優勝だと主張したのでしょうか。その根拠を考えてみましょう。

（ワークシートを配付する）

【主体的な学び】

　自分の視点で優勝国を決めるとそれで思考は終わってしまうが，各国がそれぞれ優勝と主張する理由を考えることで，合計点や平均点，最高点，データのまとまり具合など，多様な視点でデータを調べようとする主体的な学びが期待できる。

---

(2) 個人解決

≪A国の主張をさぐる≫

C （合計得点がいちばん高い）

C （B国は，参加選手が1人足りないから，最下位が決定。残りの4チームの参加選手の得点を，一の位で四捨五入すると，100点になる選手がいないD国が落ちる。C国は，一の位で四捨五入すると80点になる選手がいるので落ちる。残るA国とE国で点数の高い順に1つずつ比べると，4勝2敗でA国の勝ち）

≪B国の主張をさぐる≫

C （平均点がいちばん高い）

C （一の位で四捨五入すると100点になるのが2人いる）

≪C国の主張をさぐる≫

C （最低点の選手を除けばいちばん得点が高い）

C （90点台が5人もいる）

C （各国の1位，2位，……ごとに並び替えて比べると，1位が3人いる）

≪D国の主張をさぐる≫

C　（選手6人の力がほぼ同じ。だれが出ても戦力は落ちない）

C　（七捨八入という柔軟なとらえ方をすると，80点台がいない）

≪E国の主張をさぐる≫

C　（参加選手中，最高得点者がいる）

(3) 発表，話し合い

T　それでは，A国から順に，「自分の国が優勝」と主張する根拠を発表しましょう。

C　（A国を優勝と主張できるさまざまな根拠を発表する）

C　（B国を優勝と主張できるさまざまな根拠を発表する）

C　（C国を優勝と主張できるさまざまな根拠を発表する）

C　（D国を優勝と主張できるさまざまな根拠を発表する）

C　（E国を優勝と主張できるさまざまな根拠を発表する）

T　質問があったらしましょう。

┌─【対話的な学び・深い学び】──────────────────
│　友だちの見方を聞くことで，自分では思いつかなかった視点で資料を考察できること
│に気がつくことができる。このような学習経験によって，さまざまな日常場面でも物事
│のとらえ方を決めつけることなく，見方を変えることでとらえ方も変わることを前提に
│物事を柔軟にみることができるようになる。
└──────────────────────────────────

(4) まとめ，発展

T　A国からE国まですべての国が優勝となるような見方ができること，それもたとえば
「A国が優勝」という主張もまた，さまざまな見方ができることがわかりましたね。この
ように，物事にはいろいろな見方があります。いろいろな見方ができれば，1つの見方で
物事を決めずにいろいろな人や立場を考えたうえで決めることができます。

　みなさんも自分が何かの審査員のように物事を決める立場になったとき，さまざまな
決定方式の中から，そのときそのときの状況などを考えて，どの方法が最もふさわしい
かを考えて決められるようになりましょう。

学 習 指 導 案

学　習　活　動	指導上の留意点（○）と評価（◇）
1.　問題把握 　ある団体スポーツの国際大会での参加国の得点結果は次の通りでした。 　　　A国〜95，87，90，93，89，89点 　　　B国〜88，89，96，87，95点，（失格） 　　　C国〜93，91，92，90，78，96点 　　　D国〜89，90，91，88，89，90点 　　　E国〜99，86，85，88，90，86点 　この得点をもとに，優勝国を決めようとすると，どの国も自分の国が優勝だと主張しはじめました。 　いったいどんな理由で自分の国が優勝だと主張したのでしょうか。	○審査員がつけた得点で順位が決定する競技を思いつくまま発表させ，イメージを膨らませる。　　　**＜主体的な学び＞** ○たとえばA国の主張でも1通りでなくてもかまわないことを理解させる。 　　　　　　　　　　　　**＜主体的な学び＞**
2.　個人解決 C　（合計得点で考える） C　（平均得点で考える） C　（最低得点を除いた点で考える） C　（選手6人の力がほぼ同じかで考える） C　（最高得点者がいるかで考える） **3.　発表，話し合い** T　　A国からE国の「自分の国が優勝」と主張する理由を発表しましょう。 C　　合計得点がいちばん高いのでA国が優勝。 C　　平均得点がいちばん高いのでB国が優勝。 C　　最低得点の選手を除けばいちばん得点が高いのでC国が優勝。 C　　6人の力がほぼ同じなのでD国が優勝。 C　　最高得点者がいるのでE国が優勝。 **4.　まとめ，発展** T　優勝を決めるにもさまざまな見方ができることがわかりましたね。このように，物事にはいろいろな見方をすることが大事です。みなさんも何かを決めるとき，さまざまな見方からどの方法が最もふさわしいかを考えて決められるようになりましょう。	○ワークシートを配付する。 ○5か国の主張を考える時間を十分に確保する。 ◇今までの学習内容を活用してさまざまな順位決定の仕方を考え，各国の主張をさぐることができたか。　**＜主体的な学び＞** ○1つの国の優勝についての主張でも多様に考えられるので，できるかぎりすべてを取り上げ，発表させる。 　　　　　　　　　　　　**＜対話的な学び＞** ◇自分が考えた順位決定の方法を，わかりやすく説明できたか。 ◇友だちの発表から数の柔軟なとらえ方を学ぶことができたか。 　　　　**＜対話的な学び・深い学び＞**

114

月　日　時間目　　　　　　6年　組　番　名前

〈D国の主張〉

〈E国の主張〉

〈気づいたことを書きましょう〉

ある団体スポーツの国際大会が開かれました。各国の得点の結果は、次の通りでした。

A国～95点, 87点, 90点, 93点, 89点, 89点
B国～88点, 89点, 96点, 87点, 95点, (失格)
C国～93点, 91点, 92点, 90点, 78点, 96点
D国～89点, 90点, 91点, 88点, 89点, 90点
E国～99点, 86点, 85点, 88点, 90点, 86点

この得点をもとに、優勝国を決めようとすると、どの国も自分の国が優勝だと主張しはじめました。いったいどんな理由で自分の国が優勝だと主張したのでしょうか。

〈A国の主張〉

〈B国の主張〉

〈C国の主張〉

6年

5. 「○×△＝○－△に あてはまる数は？」

実施時期	「分数のかけ算」のまとめ

問題	下の式のように，かけてもひいても同じ答えになる2つの数はあるでしょうか。

$$○×△＝○－△$$

めあて

主体的な学び	○や△に入る数を多様に見つけることができる。
対話的な学び	友だちの発表をもとに，○と△の関係を自ら見つけることができる。
深い学び	分子にくる数を考えるなど，発展させて考えたり，わかったことを式で表して一般化したりしようとする。

1 教材について

(1) かけ算とひき算の答えが同じになることで，演算に対する見方が広がる

「○×△＝○－△のように，かけてもひいても同じ答えになる2つの数はあるだろうか」と問いかけられたとき，大人でも「ある」と答えられるだろうか。ましてや子どもの場合，「3×2＝6，3－2＝1，違う」など，これまで学習してきた整数の計算を思い浮かべるのが自然であり，同じになるとは思わないであろう。

ところが，分数の計算ではそれが成り立つ。

$$「\frac{1}{2}×\frac{1}{3}＝\frac{1}{2}－\frac{1}{3}」$$

このように，分数で考えると，2つの数の分子の数を同じにすると，ほかにもさまざまな組み合わせを考えだすことができる。ここが，この教材のおもしろさである。

(2) ○，△の分母，分子の関係にきまりを見つけることで，数の並びのおもしろさを味わうことができる

はじめは，○や△に何気なく数字を入れていくが，そのうちにあるきまりに気づく。

分子を1にしたときを考えてみる。

$$「\frac{1}{2}×\frac{1}{3}＝\frac{1}{6}, \quad \frac{1}{2}－\frac{1}{3}＝\frac{3}{6}－\frac{2}{6}＝\frac{1}{6}」$$

$$「\frac{1}{4}×\frac{1}{3}＝\frac{1}{12}, \quad \frac{1}{4}－\frac{1}{3}＝\frac{4}{12}－\frac{3}{12}＝\frac{1}{12}」$$

116

このように，つねに「△の分母－○の分母＝1」となるように○と△を組み合わせていけば，限りなく組み合わせを見つけていくことができる。

今度は分子を2にしてみる。

$$「\frac{2}{3} \times \frac{2}{5} = \frac{4}{15}, \quad \frac{2}{3} - \frac{2}{5} = \frac{10}{15} - \frac{6}{15} = \frac{4}{15}」$$

$$「\frac{2}{5} \times \frac{2}{7} = \frac{4}{35}, \quad \frac{2}{5} - \frac{2}{7} = \frac{14}{35} - \frac{10}{35} = \frac{4}{35}」$$

このように，今度はつねに「△の分母－○の分母＝2」となるように○と△を組み合わせていけば，やはり限りなく組み合わせを見つけていくことができる。

この2つの発見から，分子を1，2以外にしても「△の分母－○の分母＝分子の数」となるのではないかと推測することができる。

このように，この教材には，かけ算とひき算の答えが同じになるように○や△に数をあてはめていくうちに，○，△の分母と分子の関係にきまりを見つけることができるおもしろさがある。

ちなみに，この計算の根拠は，分子を□として考えると，下記のように説明できる。

左辺（かけ算）$\dfrac{□}{○} \times \dfrac{□}{△} = \dfrac{□ \times □}{○ \times △}$

右辺（ひき算）$\dfrac{□}{○} - \dfrac{□}{△} = \dfrac{□ \times △}{○ \times △} - \dfrac{□ \times ○}{△ \times ○} = \dfrac{□ \times (△ - ○)}{○ \times △}$

よって，$\dfrac{□ \times □}{○ \times △} = \dfrac{□ \times (△ - ○)}{○ \times △}$　　$□ \times □ = □ \times (△ - ○)$　$□ = △ - ○$　となる。

(3) 分数のよさ，おもしろさ，不思議さを感じることができる

本当にあるのだろうかと思われた「○×△＝○－△となる2数」は，小数でもいくつか見つけることができる。たとえば，1と0.5，0.25と0.2，0.6と0.375などである。これらは，分数で見つけた○，△のうち，整数や小数に直すことができる組み合わせである。

$(\frac{1}{1}, \frac{1}{2}) = (1, 0.5)$，$(\frac{1}{4}, \frac{1}{5} = 0.25, 0.2)$，$(\frac{3}{5}, \frac{3}{8}) = (0.6, 0.375)$　など。

つまり，分数に比べてとても少ない。このことから，分数という数のよさ，おもしろさ，不思議さも，この教材を通して感じとらせることができる。

2 展開例

(1) 問題把握

T ○×△＝○−△という式はありえるでしょうか。

C かけると答えは○より大きくなるし，ひくと答えは○より小さくなるから，ありえないと思います。

C 分数を使ってもよければ，$1 \times \frac{1}{2} = 1 - \frac{1}{2}$ が成り立ちます。

T もっと見つけられるかもしれません。見つけてみましょう。（ワークシートを配付する）

┌─【主体的な学び】────────────────────────
│ 答えを思いついた子どもに1つだけ発表させ，考えの糸口（いとぐち）とさせる。「分数を使えば
│ できるんだ」「それならほかにも見つかりそう」という発想の広がりの経験が，その後
│ の発展的思考の呼び水となる。
└────────────────────────────────

(2) 個人解決①

C $(2 \times \frac{2}{3} = 2 - \frac{2}{3})$　　C $(3 \times \frac{3}{4} = 3 - \frac{3}{4})$　　C $(4 \times \frac{4}{5} = 4 - \frac{4}{5})$

(3) 発表，話し合い①

T 見つけた式を発表しましょう。発表された式を見て，何か気がつくことはありますか。

C ○の整数と△の分子は同じ数になっています。

C △の分母は，○の整数や△の分子より1大きい数になっています。

T △を○で表せますか。表せると，式も○だけで表せるかもしれません。

C 分子は○，分母は○＋1だから，式は○$\times \frac{○}{○+1} = ○ - \frac{○}{○+1}$です。

T このパターン以外に，○×△＝○−△という式はありますか。調べてみましょう。

(4) 個人解決②

C $(\frac{1}{2} \times \frac{1}{3} = \frac{1}{2} - \frac{1}{3})$　　C $(\frac{1}{3} \times \frac{1}{4} = \frac{1}{3} - \frac{1}{4})$　　C $(\frac{1}{4} \times \frac{1}{5} = \frac{1}{4} - \frac{1}{5})$

(5) 発表，話し合い②

T 見つけた式を発表しましょう。発表された式を見て，何か気がつくことはありますか。

C ○も△も分数で，分子は1です。

C △の分母は，○の分母より1大きい数になっています。

C 式に表すと，$\frac{1}{□} \times \frac{1}{□+1} = \frac{1}{□} - \frac{1}{□+1}$と表せます。

T ほかにも○×△＝○−△という式があるかもしれません。調べてみましょう。

┌─【深い学び】─────────────────────────────────────
│　分母の数の差が 1，分子が 1 の分数の組み合わせは無限に存在する。式を一般化する
│ことによって，それらの組み合わせはすべて発表されたことを共通理解し，式がもつよ
│さを感得させるとともに，式の中の 1 という数字が，次の発想のヒントとなる。
└───

(6) 個人解決③

C　$\left(\dfrac{2}{3}\times\dfrac{2}{5}=\dfrac{2}{3}-\dfrac{2}{5}\right)$　　　C　$\left(\dfrac{2}{5}\times\dfrac{2}{7}=\dfrac{2}{5}-\dfrac{2}{7}\right)$

C　$\left(\dfrac{3}{4}\times\dfrac{3}{7}=\dfrac{3}{4}-\dfrac{3}{7}\right)$　　　C　$\left(\dfrac{3}{5}\times\dfrac{3}{8}=\dfrac{3}{5}-\dfrac{3}{8}\right)$

(7) 発表，話し合い③

T　見つけた式を発表しましょう。発表された式を見て，何か気がつくことはありますか。

C　分子は同じ数で，△の分母が○の分母より分子の数だけ大きい数になっています。

T　○の分母を□，分子を◇とすると，どんな式で表せますか。

C　$\dfrac{\diamond}{\square}\times\dfrac{\diamond}{\square+\diamond}=\dfrac{\diamond}{\square}-\dfrac{\diamond}{\square+\diamond}$　です。

┌─【対話的な学び】───────────────────────────────
│　いろいろな意見を比較することによって，そこに隠されたきまりに気づくことは多い。
│このような学習を積み上げることにより，みんなで考える楽しさを味わわせる。
└───

(8) まとめ，発展

T　今日の学習を振り返ってみましょう。

C　○が整数，△が分数のときには，$\bigcirc\times\dfrac{\bigcirc}{\bigcirc+1}=\bigcirc-\dfrac{\bigcirc}{\bigcirc+1}$という式になりました。

C　○も△も分子が 1 の分数のときには，$\dfrac{1}{\square}\times\dfrac{1}{\square+1}=\dfrac{1}{\square}-\dfrac{1}{\square+1}$でした。

C　○も△も分子が 1 以外の分数のときには，$\dfrac{\diamond}{\square}\times\dfrac{\diamond}{\square+\diamond}=\dfrac{\diamond}{\square}-\dfrac{\diamond}{\square+\diamond}$でした。式に

　　まとめることができました。前の 2 つの式も，この式で表せると思います。

T　整数では無理だと思った式も，分数を考えると式が見えてきました。そして，分子が 1
　の分数にしたら，分子が 1 以外なら，と次々と考えていくと，そのときそのときのきま
　りが見つかり，最後にはどの場合にも成り立つ式を見つけることができました。
　　今度は，○×△＝○＋△という式について考えてみましょう。

学 習 指 導 案

学 習 活 動	指導上の留意点（○）と評価（◇）
1. 問題把握 　○×△＝○－△という式はありえますか。 　ありえるとしたら，どんな式になりますか。 C　かけ算は答えが大きくなり，ひき算は答えが小さくなるから，ありえません。 C　分数を使ってもよければ， 　$1 \times \frac{1}{2} = 1 - \frac{1}{2}$ が成り立ちます。 T　ほかにもあるか調べてみましょう。	○ワークシートを配付する。 ○グループで話し合わせる。　＜対話的な学び＞ ○「ありえない」と考える子どもには，理由も言わせる。 ◇例をもとに「ありえる」ことが説明できたか。
2. 個人解決① C　$2 \times \frac{2}{3} = 2 - \frac{2}{3}$, $3 \times \frac{3}{4} = 3 - \frac{3}{4}$, $4 \times \frac{4}{5} = 4 - \frac{4}{5}$	○【解答1】に見つけた式を書かせる。 　　　　　　　　　　　＜主体的な学び＞
3. 発表，話し合い① T　式を見て，気がつくことはありますか。 C　△の分子と○は同じで，分母は○より1大きい数になっています。 T　○だけで表すとどんな式になりますか。 C　$○ \times \frac{○}{○+1} = ○ - \frac{○}{○+1}$ です。 T　このパターン以外に式はありませんか。	◇多様な式を見つけることができたか。 ○見つけた式を発表させる。 ○グループで話し合わせる。　＜対話的な学び＞ ◇一般式にまとめることができたか。
4. 個人解決② C　$\frac{1}{2} \times \frac{1}{3} = \frac{1}{2} - \frac{1}{3}$　$\frac{1}{3} \times \frac{1}{4} = \frac{1}{3} - \frac{1}{4}$	○【解答2】に見つけた式を書かせる。 　　　　　　　　　　　＜主体的な学び＞
5. 発表，話し合い② T　式を見て気づいたことはありますか。 C　○も△も分数で，分子は1です。 C　△の分母は，○の分母より1大きい数になっています。 C　式に表すと， 　$\frac{1}{□} \times \frac{1}{□+1} = \frac{1}{□} - \frac{1}{□+1}$ です。 T　ほかにパターンはありませんか。調べてみましょう。	◇多様な式を見つけることができたか。 ○見つけた式を発表させる。 ○グループで話し合わせる。　＜対話的な学び＞ ◇一般式にまとめることができたか。
6. 個人解決② C　$\frac{2}{3} \times \frac{2}{5} = \frac{2}{3} - \frac{2}{5}$　$\frac{2}{5} \times \frac{2}{7} = \frac{2}{5} - \frac{2}{7}$ 　$\frac{3}{4} \times \frac{3}{7} = \frac{3}{4} - \frac{3}{7}$　$\frac{3}{5} \times \frac{3}{8} = \frac{3}{5} - \frac{3}{8}$	○【解答3】に見つけた式を書かせる。 　　　　　　　　　　　＜主体的な学び＞
7. 発表，話し合い③ T　式を見て気づいたことはありますか。 C　分子は同じ数で，△の分母が○の分母より分子の数だけ大きい数になっています。 C　式に表すと，  です。	◇多様な式を見つけることができたか。 ○見つけた式を発表させる。 ○グループで話し合わせる。　＜対話的な学び＞ ○友だちの発表をもとに○と△の関係を見つける。 　　　　　　　　　　　＜深い学び＞ ◇一般式にまとめることができたか。
8. まとめ，発展 T　分数を考えると式が見えてきました。分子が1の分数にしたら，分子が1以外なら，と考えていくと，そのときそのときのきまりが見つかり，最後にはどの場合にも成り立つ式を見つけることができました。	◇それぞれ，どのような式にまとめられたかを振り返ることができたか。

月　日　時間目　　　　　　　　6年　　組　　番　　名前＿＿＿＿＿

下の式のように、かけてもひいても同じ答えになる
2つの数はあるでしょうか。

$$○×△＝○－△$$

〈あり得るか、ありえないかについて、自分の考え・理由を書きましょう〉

【解答1】

〈気づいたことを書きましょう〉

【解答2】

〈気づいたことを書きましょう〉

【解答3】

〈気づいたことを書きましょう〉

〈学習のまとめを書きましょう〉

[「○×△＝○＋△」について、考えてみましょう]

121

6年 6.「天びんをつりあわせるには？」

実施時期 「場合の数」まとめ

問題

つりあっている天びんに，右図のように同じ重さのおもりをつるすと，天びんは左にかたむきます。
この天びんを，何とかつりあわせたいと思います。どこに，おもりをつるせばよいでしょうか。
おもりは4個まで使ってよいこととします。

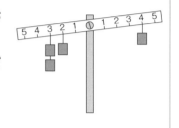

めあて

主体的な学び 右に加える力「4」をできるだけ多様につくり出すために順序よく整理して考えようとする。

対話的な学び 自分では考えつかなかったおもりのつるし方や，その見つけ方などを，友だちから学ぼうとする。

深い学び 力が不足している右側だけではなく，左側にもおもりをつるすなどと発想を転換することで，求められる解を広げようとする。

1 教材について

(1) おもりを4個までとすることにより，さまざまなつりあわせ方を考えることができる

左側にかかる力：2×1+3×2=8，右側にかかる力：4×1=4なので，右側が不足している力は8-4=4である。

使うおもりを1個とすると，右側の4のところに1個つるせばよい。

ところが，使えるおもりの数を4個までとすることにより，つりあわせ方は1通りには限定されなくなる。いろいろなつりあわせ方ができることで，子どもたちはできるだけ多くの場合を考えたくなり，主体的に順序立てて考えようとする。ここが，この教材のもつおもしろさである。

つりあわせ方は前出の「4のところに1個」のほかに，「3に1個と1に1個」「2に2個」「2に1個と1に2個」「1に4個」の全部で5通りとなる。順序よく挙げることで，落ちや重なりなくすべての場合を挙げることにも意識を向けることができる。

(2) 傾いている左側にもおもりをつるすという逆発想の楽しさを味わえる

　傾いている天びんをつりあわせるには，軽いほうにおもりをつるすと考えるのが一般的である。しかし，発想を転換し，重いほうにもおもりをつるしてみると，つりあわせ方はぐっと多くなる。

左側	右側
1に1個	5に1個
	4に1個, 1に1個
	3に1個, 2に1個
	3に1個, 1に2個
	2に2個, 1に1個
2に1個	5に1個, 1に1個
	4に1個, 2に1個
	4に1個, 1に2個
	3に2個
	3に1個, 2に1個, 1に1個
	2に3個
3に1個	5に1個, 2に1個
	5に1個, 1に2個
	4に1個, 3に1個
	4に1個, 2に1個, 1に1個
	3に2個, 1に1個
	3に1個, 2に2個
4に1個	5に1個, 3に1個
	5に1個, 2に1個, 1に1個
	4に2個
	4に1個, 3に1個, 1に1個
	4に1個, 2に2個
	3に2個, 2に1個
5に1個	5に1個, 4に1個
	5に1個, 3に1個, 1に1個
	5に1個, 2に2個
	4に2個, 1に1個
	4に1個, 3に1個, 2に1個
	3に3個

左側	右側
1に2個	5に1個, 1に1個
	4に1個, 2に1個
	3に2個
1に1個 2に1個	5に1個, 2に1個
	4に1個, 3に1個
1に1個 3に1個	5に1個, 3に1個
	4に2個
1に1個 4に1個	5に1個, 4に1個
1に1個 5に1個	5に2個
2に2個	5に1個, 3に1個
	4に2個
2に1個 3に1個	5に1個, 4に1個
2に1個 4に1個	5に2個
3に2個	5に2個

2 展開例

(1) 問題把握

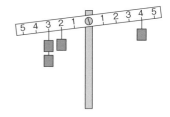

T ここに天秤があります。この天秤の左側の3のところに2個，2のところに1個，右側の4のところに1個おもりをつるします。どちらに傾くかな。

C 左側です。

C 左側には，3×2+2×1で8の力がかかるけれども，右側には，4×1で4の力しかかからないからです。

T 本当に左側に傾くか，実際に確かめてみましょう。（実際におもりをつるして見せる）
それでは，今度は左に傾いている天秤をつりあわせる方法を考えましょう。

C 簡単です。4の力が足りないのですから，右側の4のところにもう1つおもりをつるせばつりあうはずです。

T 本当につりあうか，確かめてみましょう。（実際におもりをつるして見せる）

C せっかくおもりがいくつかあるのだから，使うおもりは1個でなくてもいいですか。

T それでは，おもりを4個まで使って，今は左に傾いている天秤のつりあわせ方を考えてみましょう。（ワークシートを配付する）

【主体的な学び】

「いろいろな答えが見つかりそうだ」という見通しをもつことで，関心・意欲が高まり，主体的に解決をしようとする。「何通りくらいありそうかな」「これですべてかな」という思いをもたせ，「もっとあるかもしれない」という意識を高め主体的な学びとなる。

---

(2) 個人解決

C （天秤を手がかりに，試行錯誤しながら考える）

C （軽いほうの右側に加える力「4」になるように，おもりの組み合わせ方を考える）

C （軽いほうの右側に加える力「4」になるように，式や表をもとに考える）

C （傾いている左側にもおもりをつるせないものかと考える）

(3) 発表，話し合い

T それでは，自分が発見したつりあわせ方を発表しましょう。
（発表用に，右図のような黒板掲示用カードを用意しておく）

C （軽いほうの右側におもりをつるすつりあわせ方を順次発表する）

T 4のところに1個つるす方法も合わせると，全部で5通り

左側	右側

のつりあわせ方がありますね。どの方法にもいえることはないかな。

C　どの方法も，右側に「4」の力を加えようとしています。

T　でも，みんなの様子を見ていると，もっとほかにもいろいろなつりあわせ方を見つけていましたね。それを発表してもらいましょう。

【対話的な学び・深い学び】

　友だちの説明で，左側におもりをつるしてもよいことに気づいたら，ペアやグループで見つける時間を設けて，たくさん見つけられるようにする。はじめは，思いついたものを出し合うかもしれないが，友だちの見つけた答えと合わせることによって，答えを並び替え，整理して表現するとわかりやすいことに気づけるようにする。

　また，簡潔・明瞭・的確な表現として，等式を用いた表現も扱っていく。

C　（傾いている左側にもおもりをつるすつりあわせ方を発表する）

(4) まとめ，発展

T　いっぱいありましたね。どんな感想をもちましたか。

C　こんなにつりあわせ方が増えるなんて驚きです。

T　重いほうの左側にもおもりをつるすと，こんなにもたくさんのつりあわせ方があるなんて驚きですね。ところで，つりあわせ方にも共通していることはないかな。

C　左側にもおもりをつるすと，左側にかかる力の合計は8より大きくなりますが，つりあわせるためには，右側にかかる力が左側にかかる力より4大きくなるようにします。

T　つりあっていない天秤をつりあわせるときには，軽いほうにおもりをつるそうと考えますね。でも，逆に重いほうにもおもりをつるしてみようと考えると，こんなにも答えの世界が広がるなんておもしろいですね。今度は，使えるおもりの数を増やしてみたり，最初につり下げられているおもりの位置と数を変えてみたりして考えてみましょう。

学 習 指 導 案

学　習　活　動	指導上の留意点（○）と評価（◇）
1. 問題把握 T　天秤の左側の3のところに2個，2のところに1個，右側の4のところに1個おもりをつるします。どちらに傾きますか。 C　左側は，3×2＋2×1＝8，右側は，4×1＝4の力がかかるので，左側です。 T　本当に左か，実際に確かめてみましょう。それでは，左に傾いている天秤をつりあわせる方法を考えましょう。 C　4の力が足りないから，右側の4のところに1つおもりをつるせばつりあいます。 T　本当につりあうか，確かめてみましょう。 C　いくつかのおもりを使ってもいいですか。 　おもりを4個まで使って，左に傾いている天びんのつりあわせ方を考えよう。	○実際に天秤を用意することが重要である。ただし，おもりは確かめのときまでつり下げない。 ○グループごとに天秤とおもり8個を用意し，実際に確かめさせる。 ◇おもり1個を使ってのつりあわせ方を考えることができたか。 ○天秤で実際に確かめる。 ○目の前のおもりを全部使いたいという反応を取り上げる。　　　**＜主体的な学び＞** ○ワークシートを配付する。
2. 個人解決 C　（天秤を手がかりに考える） C　（軽いほうにおもりをさげる方法を考える） C　（軽いほうの右側に加える力「4」を，式や表をもとに考える） C　（傾いている左側にもおもりをつり下げてつりあわせる方法を考える）	○傾いている左側にもおもりをつるすことを考えている子どもを机間指導で探しておく。 ◇つりあわせ方を多様に考えることができたか。 ○黒板掲示用カードを用意しておく。 ○カードを整理して掲示することにより，左右にかかる力の関係をとらえやすくする。
3. 発表，話し合い T　つりあわせ方を発表しましょう。 C　（右側だけにつるす考え方から発表する） T　4のところに1個つるす方法も合わせると，全部で5通りありますね。どの方法にもいえることはないかな。 C　右側に「4」の力を加えています。 T　ほかのつりあわせ方を発表しましょう。 C　（左側にもつるすつりあわせ方を発表する）	○最初に右側だけにつり下げる考えを取り上げる。 ○左側にもつり下げた考えを出すことで，もっと答えがありそうだという思いをもたせる。　　　　　　**＜対話的な学び＞** ○ペアやグループで考える時間を設ける。 　　　　　**＜対話的な学び・深い学び＞**
4. まとめ，発展 T　どんな感想をもちましたか。 C　順序よく考えるとこんなに増えて，驚きました。 C　どのつりあわせ方も，右側に4大きくなるようにおもりを加えればつりあいます。 T　重いほうの左側にもおもりをつるしてみようと考えると，こんなに答えの世界が広がるんですね。今度は，使えるおもりの数を増やしたり，最初のおもりの位置や数を変えてみてもおもしろそうですね。	○落ちや重なりがないように順序よく挙げているグループの結果を紹介し，そのように並べた根拠を考えさせる。 ◇さまざまなつりあわせ方を見て，共通している点に気づけたか。 ◇友だちの発表から学ぼうとできたか。 ◇学習を振り返り，気づいたこと，わかったことを説明できたか。

月　日　時間目　　　　　　　　6年　組　番　名前＿＿＿＿＿

つりあっている天びんに、右図のように同じ重さのおもりをつるすと、天びんは左にかたむきます。
この天びんを、何とかつりあわせたいと思います。どこに、おもりをつるせばよいでしょうか。
おもりは**4個**まで使ってよいこととします。

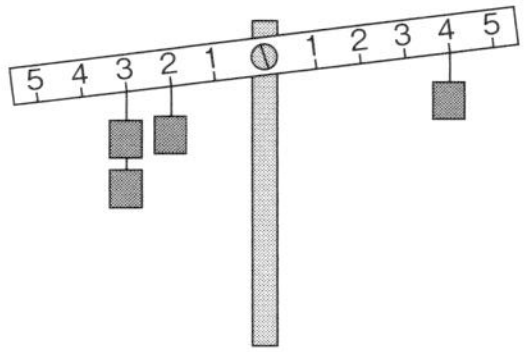

左側	右側

左側	右側

左側	右側

左側	右側

左側	右側

左側	右側

左側	右側

左側	右側

左側	右側

左側	右側

左側	右側

左側	右側

〈気づいたことを書きましょう〉

127

【著者】

滝井 章（たきい あきら）

都留文科大学教養学部学校教育学科特任教授

文部科学省『小学校学習指導要領解説　算数編』作成協力者
おもな著書に，『クラスを育てる算数授業』，『算数の力を育てる
授業』（編著）（共に東洋館出版社），『算数的活動満載　考える力
をのばすオープンエンドの算数授業』（日本標準），『豊かな学力
を育てる教材・教具の開発と活用術』（明治図書）などがある。

○オープンエンドの問題の作成に関して，以前に下記の先生方に
　アイデアをいただきました。

薄井　康裕（うすい　やすひろ）東京都世田谷区立千歳台小学校校長

清水　壽典（しみず　としのり）神奈川県平塚市立城島小学校教諭

渡辺　秀貴（わたなべ　ひでき）創価大学教職大学院准教授

（所属は 2018 年 7 月現在）

深い学びで思考力をのばす
算数授業 18 選　4〜6 年

2018 年 8 月 20 日　初版第 1 刷発行

著　者　滝井　章
発行者　伊藤　潔
発行所　株式会社　日本標準
〒 167-0052　東京都杉並区南荻窪 3-31-18
ＴＥＬ　03-3334-2630（編集）　　03-3334-2620（営業）
ＵＲＬ　http://www.nipponhyojun.co.jp/
印刷・製本　株式会社　リーブルテック

©Akira Takii 2018 Printed in Japan
ISBN 978-4-8208-0643-1

○乱丁・落丁の場合はお取り替えいたします。
○定価はカバーに表示してあります。